京華通覽
历史文化名城
主编／段柄仁

王府井

王之鸿／著

北京出版集团公司
北京出版社

图书在版编目（CIP）数据

王府井 / 王之鸿著. — 北京 ：北京出版社，2018.3
(京华通览 / 段柄仁主编)
ISBN 978-7-200-13830-6

Ⅰ. ①王… Ⅱ. ①王… Ⅲ. ①商业街—介绍—北京
Ⅳ. ①F727.1

中国版本图书馆CIP数据核字（2018）第006427号

出版人 曲 仲
策 划 安 东 于 虹
项目统筹 孙 菁 董拯民
责任编辑 董拯民 李更鑫
封面设计 田 晗
版式设计 云伊若水
责任印制 燕雨萌

《京华通览》丛书在出版过程中，使用了部分出版物及网站的图片资料，在此谨向有关资料的提供者致以衷心的感谢。因部分图片的作者难以联系，敬请本丛书所用图片的版权所有者与北京出版集团公司联系。

王府井
WANGFUJING
王之鸿 著

北京出版集团公司
北 京 出 版 社 出版
*
（北京北三环中路6号）
邮政编码：100120
网 址：www.bph.com.cn
北京出版集团公司总发行
新 华 书 店 经 销
天津画中画印刷有限公司印刷
*
880毫米×1230毫米 32开本 5.375印张 110千字
2018年3月第1版 2024年3月第4次印刷
ISBN 978-7-200-13830-6
定价：45.00元

《京华通览》编纂委员会

《京华通览》编辑部

序

PREFACE

擦亮北京“金名片”

段柄仁

北京是中华民族的一张“金名片”。“金”在何处？可以用四句话描述：历史悠久、山河壮美、文化璀璨、地位独特。

展开一点说，这个区域在70万年前就有远古人类生存聚集，是一处人类发祥之地。据考古发掘，在房山区周口店一带，出土远古居民的头盖骨，被定名为“北京人”。这个区域也是人类都市文明发育较早，影响广泛深远之地。据历史记载，早在3000年前，就形成了燕、蓟两个方国之都，之后又多次作为诸侯国都、割据势力之都；元代作为全国政治中心，修筑了雄伟壮丽、举世瞩目的元大都；明代以此为基础进行了改造重建，形成了今天北京城的大格局；清代仍以此为首都。北京作为大都会，其文明引领全国，影响世界，被国外专家称为“世界奇观”“在地球表面上，人类最伟大的个体工程”。

北京人文的久远历史，生生不息的发展，与其山河壮美、宜生宜长的自然环境紧密相连。她坐落在华北大平原北缘，“左环沧海，右拥太行，南襟河济，北枕居庸”“龙蟠虎踞，形势雄伟，南控江淮，北连朔漠”。是我国三大地理单元——华北大平原、东北大平原、蒙古高原的交汇之处，是南北通衢的纽带，东西连接的龙头，东北亚环渤海地区的中心。这块得天独厚的地域，不仅极具区位优势，而且环境宜人，气候温和，四季分明。在高山峻岭之下，有广阔的丘陵、缓坡和平川沃土，永定河、潮白河、拒马河、温榆河和蓟运河五大水系纵横交错，如血脉遍布大地，使其顺理成章地成为人类祖居、中华帝都、中华人民共和国首都。

这块风水宝地和久远的人文历史，催生并积聚了令人垂羡的灿烂文化。文物古迹星罗棋布，不少是人类文明的顶尖之作，已有 1000 余项被确定为文物保护单位。周口店遗址、明清皇宫、八达岭长城、天坛、颐和园、明清帝王陵和大运河被列入世界文化遗产名录，60 余项被列为全国重点文物保护单位，220 余项被列为市级文物保护单位，40 片历史文化街区，加上环绕城市核心区的大运河文化带、长城文化带、西山永定河文化带和诸多的历史建筑、名镇名村、非物质文化遗产，以及数万种留存至今的历史典籍、志鉴档册、文物文化资料，《红楼梦》、“京剧”等文学艺术明珠，早已成为传承历史文明、启迪人们智慧、滋养人们心灵的瑰宝。

中华人民共和国成立后，北京发生了深刻的变化。作为国家首都的独特地位，使这座古老的城市，成为全国现代化建设的领头雁。新的《北京城市总体规划（2016年—2035年）》的制定和中共中央、国务院的批复，确定了北京是全国政治中心、文化中心、国际交往中心、科技创新中心的性质和建设国际一流的和谐宜居之都的目标，大大增加了这块“金名片”的含金量。

伴随国际局势的深刻变化，世界经济重心已逐步向亚太地区转移，而亚太地区发展最快的是东北亚的环渤海地区、这块地区的京津冀地区，而北京正是这个地区的核心，建设以北京为核心的世界级城市群，已被列入实现“两个一百年”奋斗目标、中国梦的国家战略。这就又把北京推向了中国特色社会主义新时代谱写现代化新征程壮丽篇章的引领示范地位，也预示了这块热土必将更加辉煌的前景。

北京这张“金名片”，如何精心保护，细心擦拭，全面展示其风貌，尽力挖掘其能量，使之永续发展，永放光彩并更加明亮？这是摆在北京人面前的一项历史性使命，一项应自觉承担且不可替代的职责，需要做整体性、多方面的努力。但保护、擦拭、展示、挖掘的前提是对它的全面认识，只有认识，才会珍惜，才能热爱，才可能尽心尽力、尽职尽责，创造性完成这项释能放光的事业。而解决认识问题，必须做大量的基础文化建设和知识普及工作。近些年北京市有关部门在这方面做了大量工作，先后出版了《北京史》（10卷本）、《北京百科全书》（20卷本），各类志书近900种，以及多种年鉴、专著和资料汇编，等等，为擦亮北京这张“金名片”做了可贵的基础性贡献。但是这些著述，大多是服务于专业单位、党政领导部门和教学科研人员。如何使其承载的知识进一步普及化、大众化，出版面向更大范围的群众的读物，是当前急需弥补的弱项。为此我们启动了《京华通览》系列丛书的编写，采取简约、通俗、方便阅读的方法，从有关北京历史文化的大量书籍资料中，特别是卷帙浩繁的地方志书中，精选当前广大群众需要的知识，尽可能满足北京人以及关注北京的国内外朋友进一步了解北京的历史与现状、性质与功能、特点与亮点的需求，以达到“知北京、爱北京，合力共建美好北京”的目的。

这套丛书的内容紧紧围绕北京是全国的政治、文化、国际交往和科技创新四个中心，涵盖北京的自然环境、经济、政治、文化、社会等各方面的知识，但重点是北京的深厚灿烂的文化。突出安排了“历史文化名城”“西山永定河文化带”“大运河文化带”“长城文化带”四个系列内容。资料大部分是取自新编北京志并进行压缩、修订、补充、改编。也有从已出版的北京历史文化读物中优选改编和针对一些重要内容弥补缺失而专门组织的创作。作品的作者大多是在北京志书编纂中捉刀实干的骨干人物和在北京史志领域著述颇丰的知名专家。尹钧科、谭烈飞、吴文涛、张宝章、郗志群、马建农、王之鸿等，都有作品奉献。从这个意义上说，这套丛书中，不少作品也可称“大家小书”。

总之，擦亮北京“金名片”，就是使蕴藏于文明古都丰富多彩的优秀历史文化活起来，充满时代精神和首都特色的社会主义创新文化强起来，进一步展现其真善美，释放其精气神，提高其含金量。

2017 年 11 月

目录

CONTENTS

引　言

引言告诉您：

王府井是怎么回事；

王府井与八面槽的传说；

王府井大街名称的来龙去脉；

王府井商业街的形成和发展。

王府井的"井"

王府井大街定名于清光绪三十一年（1905年），是时，清政府"推行警政""整理地面"，对京师部分街巷名称重加厘定，改"王府大街"为"王府井大街"。王府井大街既然以"井"命名，就足以说明那口井在当时的知名度甚高。然而，那口井在街面早已无存，便引出了诸如井在何处，建于何时，有何特点及趣闻等话题。

王府井到底在哪里呢？姜纬堂于1993年撰文指出："在今王府井大街南段路西，具体说就是东安市场靠北的西门对面便道边稍北，约当今益民食品店门前。"其主要依据是《乾隆京城全图》和民国二年（1913年）《实测北京内外城地图》均标明此处有井，

且王府井大街只此一井。1998年，在王府井大街市政改造施工中发现了这口井，井壁与污水管道相通，井深八米，井内有四米深的污水、两米厚的杂砖。井壁下部由小青砖砌成，据此可知为明代所砌。姜纬堂考证在前，施工发现在后，两相吻合。王府井被发现后，对其作象征性修复，并将井盖设计成圆形青铜围龙浮雕，辅以文字说明。其具体位置在今王府井大街西侧，天隆珠宝店与碧春茶庄之间的便道上。

这口井是何时被称作“王府井”的呢？姜纬堂在《王府井的七百年》一文中写道：“明·刘若愚《酌中志》‘天师庵草场’条载：草场‘墙外有井，甘洌可用，不减十王府街之井也’。据知：一、这口王府井，亦必是‘甘洌可用’的甜水井；二、这口王府井，至迟在晚明时便已相当著名，致他处之需与相比较而为说明；三、这口王府井恐非晚明始有，其历史或更为久远；四、当明末时尚只称之为‘十王府街之井’，则简称曰‘王府井’，则必是清代之事。”据此可知：十王府街之井开凿于明代晚期以前，是一口甜水井，因水质好而扬名，清代被称为“王府井”。

王府井与八面槽

民国二十四年（1935年），《旧都文物略》已将今王府井大街分为三段，东安门大街以南称“王府井大街”，东安门大街至

王府井大街旧照

灯市口称“八面槽”，灯市口以北称“王府大街”。此种称法一直延续到 1965 年整顿地名时。

王府井大街得名于“王府井”已成定论，可是，对八面槽的来历就有不同的说法。然而,无论哪种说法却都与“王府井”有关，琢磨起来，颇为有趣。介绍三则，供读者玩赏。

其一，过去北京城里的饮用水主要是井水，居民到经营水井的地方（称“水窝子”）去买水。王府井自是一个水窝子，且地处冲要,所以,设置了八个专供牲畜饮水用的马槽,故名“八面槽”。“水”自然取自王府井。然而，有人反问，只听说鼓可以论“面”，旗子可以论“面”，什么时候马槽的计量单位论过“面”？

其二，此处有专供牲畜饮水用的马槽不假，但不是八个，而是一个呈八面形的石槽，故名“八面槽”。然而，也有人反问，石槽自有石槽的样式要求，八个面就近乎圆形了，还能叫“槽”吗？何不直接叫“八棱石瓮”或“石水池”呢？

其三，所谓“八面槽”是指“王府井”的井台。当时王府井是卖水的水窝子，且地处交通要道，买卖自然红火。于是修了一个有八个面的井台，在井台的每个面上都凿有一条供流水用的水槽。这样，就可以同时为八只水桶灌水，提高了工作效率。因此，“八面槽”是指王府井有一个八面都有水槽的井台，故名“八面槽”。然而，还有人反问，既然是井和井台的关系自然是上下一体，何以南段称“王府井”，北段称“八面槽”？“井”总不会平躺在大街上吧。

历史传闻有时也是历史之谜，回答则颇为不易。

王府井大街的名称演变

元代，至元二十二年（1285 年）大都城竣工，今王府井大街便是大都城南部中央稍东的一条重要的南北通道，至今已有七百多年历史。当时，这条街的名称叫“哈达门丁字街”，应该是由于大都城的文明门，俗称哈达门（哈达大王府在文明门内）迤西的城墙内通道（亦称城根，如同今日的顺城街）与该街形成一个“丁”字而得名。

明代，永乐十八年（1420 年），在今王府井大街以东，帅府园胡同以北，金鱼胡同以南，校尉胡同以西建成“十王邸（府）”。由此，衍生出今王府井大街被称为“十王府”或“十王府街”。所谓“十王府”并非实指此处建有十座王府，而是取诸王府之意。《燕都游览志》载：“乌蛮市在王府街东之会同馆。”可见，继“十王府”与“十王府街”混称之后，又出现了“十王府街”与“王府街”混称的现象。

清代，乾隆年间将今王府井大街定名为“王府大街”。光绪三十一年（1905 年），清政府“推行警政”“整理地面”，对京师部分街巷名称重加厘定，改“王府大街”为“王府井大街”。

民国元年（1912 年），在澳大利亚出生的英国人莫理循任袁世凯的政治顾问，住在当时的王府井大街 100 号。莫理循积极支持袁世凯恢复帝制。袁世凯称帝后将“王府井大街”改名为“莫理循大街”，并在大街南口立英文路牌——“Morrison Street”。

王府井大街一瞥

民国二十四年（1935年）的《旧都文物略》已将今王府井大街分为三段：东安门大街以南称“王府井大街”，东安门大街至灯市口称“八面槽”，灯市口以北称“王府大街”。

1965年，整顿地名。今王府井大街由三段改为两段，王府井大街依旧，八面槽并入王府大街，形成今王府井大街南段称“王府井大街”，北段称“王府大街”的局面。

1966年8月，“文化大革命”中产生的“红卫兵”开始走上街头破“四旧”（旧思想、旧文化、旧风俗、旧习惯），掀起了对旧有的街名、店名、校名等标识进行毁坏，并更名的狂潮。8月21日，“红卫兵”大闹王府井商业街，将“王府井大街”和“王府大街”合并，取名为“人民路”。

1975年，恢复“王府井大街”名称。此时的王府井大街南起东长安街，北至东四西大街。

从光绪三十一年（1905年）正式定名“王府井大街”，到1975年恢复“王府井大街”名称，整整70年。历史好像在这里走了一个圈，从王府井大街出发，又回到了王府井大街。其间，

东皇城根远眺（旧照）

首都剧场

有两次更名显得颇为滑稽。一是窃国大盗袁世凯倒行逆施，企图依仰洋人的势力当他的“洪宪皇帝”，给王府井大街起了个洋名，人民自然不屑，仍旧称“王府井大街”。二是“红卫兵”以“革命造反”的先锋自居，将王府井大街改为“人民路”，似有抬高人民地位的良好愿望；然而，人民依然称其为“王府井大街”。因为，王府井大街已经成为一种文化，深深地印在了人民的心中。

王府井商业街区

王府井商业街区在东城区东华门街道辖区内，以王府井大街为轴线，东、西延展，其具体四至为：东起东单北大街，西至南河沿大街、北河沿大街，南起东长安街，北至五四大街、东四西大街。南北长 1780 米，东西宽 950 米，面积 1.69 平方千米。王府井大街贯穿南北，是商业街区的核心，有“金街”之称。

王府井商业街区的历史可以追溯到元代哈达门丁字街的菜市,因史料缺乏,详情无考。但从《析津志辑佚》“菜市丽正门三桥、哈达门丁字街。菜市和义门外”记载中，可以想象当时的“菜市”还是颇具规模的。因为，元代大都城可以入志的“菜市”仅此三处。

新东安市场内景

明代，今灯市口大街一带为北京内城繁盛之地。《日下旧闻考》载:“灯市在东华门王府街东、崇文门街西，亘二里许，南北两廛（chán 市房），凡珠玉宝器以逮日用微物，无不具悉。衢中列市棋置，数行相对，俱高楼。楼设氍毹（qú shū）帘幕，为宴饮地。一日赁直至有数百缗者。夜则燃灯于上，望如星衢。”

清代初期，规定八旗居址禁设商业网点。清中叶开始，禁例渐疏，及至清末崛起的王府井商业街“异军突起，以独树一帜的特点扬名九城”。到了20世纪的二三十年代，王府井大街已蔚成规模。

中华人民共和国成立后，北京作为首都，城市规模空前发展，人口迅速增长，国内外来京者大增，从而要求一个成规模、上档次，足以称为首都“窗口”的全新商业街。鉴于王府井大街的既有基础和地处冲要，政府选定该街。1955年，北京市百货大楼在王府井大街落成，新中国妇女儿童用品商店、北京工艺美术服务部和王府井新华书店相继在王府井大街开业，东安市场进行翻修。

王府世纪夜景

与此同时，中国照相馆、雷蒙西服店、浦五房肉食店、四联理发馆、普兰德洗染店等一批名店由上海迁至王府井大街落户。王府井大街从而成为一条首都的商业名街，独步京华、享誉中外。“游紫禁城，逛王府井”成为来京的中外观光者的首选项目。

改革开放后，随着社会主义市场经济体制的建立，在市政府统一规划和协调下，对王府井商业街区有计划地进行大规模建设和改造，使之逐步形成一个现代化的商业中心街区。王府井商业街区以其悠久的历史和辉煌的现实，体现着历史文化名城的深邃和现代国际大都市的恢宏。

历史寻踪

王府井街区的格局形成于元代，

王府井地区的历史可追溯到远古。

《历史寻踪》通过“远古的记忆——古人类活动遗址”“衙署之街话衙署”“历史沧桑说府邸”“风格迥异的宗教建筑”四组镜头，拂去历史的烟尘，唤起昔日的记忆。

远古的记忆——古人类活动遗址

1996年12月28日，在东方广场（位于王府井大街南部东侧）工地发现旧石器时代晚期人类活动场所。王府井古人类活动遗址面积约2000平方米，距地表12米。发掘范围的四至为：遗址北正对协和医科大学,相距30米~50米;东为东单二条胡同口，相距120米~150米；南为东长安街，相距50米~60米；西为北京饭店，相距200米~300米。在发掘过程中，考古等学界的名宿贾兰坡、侯仁之、刘东生三位中科院院士，以耄耋之龄亲临现场指导。挖掘出的古物有石核、石片、刮削器、加工石器后的碎屑、动物骨骼、牙齿等化石，以及用火痕迹。考古发现该遗址文化层较薄，平均厚度为3米~6米，说明该遗址不是古人类生产、生活的地方，只是暂时居留之所，是古人类加工石器、狩猎、觅食的暂时性场所。由此判定，生活在北京的先人们已从洞穴走到了平原。地质年代为更新世晚期，考古年代为旧石器时代晚期，距今2.4万年~2.5万年。北京地区位于欧亚大陆东缘，1929年12月，在房山周口店龙骨山发现“北京人”头盖骨化石、石器和用火遗迹，成为全世界发现的同一时代人类遗址内容最丰富的地方。1955年，在北京饭店工地地面下10米沙层处发现更新世晚期德永象臼齿化石。1973年、1976年，在建国门地铁刨槽发现

古人类博物馆

同时期赤鹿、象门齿化石。王府井地区古人类遗址的发现，为进一步了解北京旧石器文化的分布，探索“北京人”及其后的古人类活动，对北京平原地区旧石器时代的研究、环境演变提供了证据和实物资料。

1999 年 2 月 2 日，在遗迹层面动工兴建“王府井古人类活动遗址博物馆”，面积 360 平方米。陈列古人类遗迹实物，展示远古人类的文明以及人类从洞穴走向平原的漫长过程。

衙署之街话衙署

元大都是按规划而建的城市。今王府井街区地近皇城大内，自元至明末，一些重要衙署分布其间，有人称之为“衙署之街”。

元代朝廷的三大衙署，今王府井街区有其二：一是枢密院，另一个是御史台。

枢密院 中央最高军事首脑机关。《元史・志第三十六・百官二》说它“掌天下兵甲机密之务。凡宫禁宿卫，边庭军翼，征讨戍守，简阅差遣，举功转官，节制调度，无不由之”。这是个

灯市口西街

权限相当高，组织规模庞大，公署层级严密，占地面积相当大的衙门。它所在的地点就在现在的灯市口西街（迺兹府）与东厂胡同之间。

御史台 “掌纠察百官善恶、政治得失”的中央最高监察机关。它的所在地是今东单三条至煤渣胡同之间，校尉胡同以东，东单北大街以西的方形地带。

明代衙署分布，相当部分跟元朝上述两大公署所在地有关。

明初，北平是北方的重镇，大都督府、北平都司、北平行后军都督府等地方最高军事首脑机关的所在地都在元枢密院旧址。永乐迁都到正统初年的五军都督府，也应该是在这里。五军都督府迁走后，这个旧址则成为府军前卫、羽林右卫、神武左卫和中军都督府的草场。据《明宫史》记载：“中府草场，即旧督府草场……永乐初，创收御马草……天启六年，旧督府草场火……三日乃熄。”可见这个草料场规模不小。现在这里的大草厂胡同、小草厂胡同的名称，应该是与当时都督府草场有关的痕迹。

在这个区域，明代有两个机构是元朝没有的。一个是礼仪房，一个是东厂。

礼仪房 民间称之为“奶子府”。它位于元枢密院东南隅（今灯市口西街偏东路北），是由锦衣卫掌管的特殊机构。它负责征调与培训民间哺乳期的妇女，以备宫中用为“奶妈”（奶口）。关于这个专供皇家用奶妈的府署的运作情况，《燕都丛考》有些记载，摘录于后：

“礼仪房署，在东安门外旧都府草场之东，向南。提督太监一员，掌印或秉笔摄之，掌选婚吉礼，每年四仲月选乳妇，生男十口，生女十口，月给食料，在奶子府居住。及报生皇子，则用生女奶口，生皇女则用生男奶口（《明宫史》）”。

据此看来，这个奶子府的奶妈定员是二十名，生男者、生女者各半。“奶子府隶锦衣卫，其制每季精选各里良家妇，年十五以上二十以下四十名养之内，曰坐季奶口。另选八十名籍于官，曰点卯奶口。季终则更之。后来夙戒奶口多不称旨，临时分别选城市妇女人以应。有雇值之费，打点之费，上纳之费，而奶子遂为奇货。幸一见留，则终其身事所乳，得沾恩泽，无复出理，其食报盖特隆云（《宛署杂记》）”。据上述，奶口的定员包括“坐季”与“点卯”两项合计是一百二十名，额外临时应召的没有名额限

逌兹府（今灯市口西街）

制，操作起来对民间影响和骚扰就大得多了。当然，确也有奶娘获封爵，博得一时富贵尊荣的。例如明熹宗的奶妈客氏，非但获封“奉圣夫人”，而且跟权阉魏忠贤勾结起来，干预朝政、残害忠良，成为“奶娘干政”的恶例。奶子府这个衙署所在地也就被称作奶子府胡同了（另一说，奶子府胡同的奶子府，是熹宗赏赐给客氏的私邸）。清朝时以其谐音称“迺兹府”，这个名称一直延续到 20 世纪 60 年代才改称灯市口西街。

东厂　位于东厂胡同。是明代的衙署之一。永乐皇帝朱棣，为巩固自己的权力，建立起这个有别于锦衣卫的特务机构。锦衣卫由外廷官员统领，东厂则是由皇帝的亲信太监掌领，因为它直接对皇帝负责，因而其权限也超过锦衣卫。东厂头目称“钦差总督东厂官校办事太监”，简称“提督东厂”，厂内人员称其为“厂主”或“督王”。“厂主”以下设掌刑千户、理刑百户各一员；再下设掌班、领班、司房 40 多人。负责侦察缉访的是役长和番役。役长称档头，番役又称“番子”，约千人。东厂爪牙十五六万人，遍布全国，潜伏于各重要官署衙门及王公大臣府邸，严密监视文武官员的言行。平民百姓的动向，街头巷尾、茶楼酒肆的议论，统

东厂胡同

统在监视之列。更有一项征集民间密报的制度，称作“打事件”。一经举报，无论事实之有无、真伪，一律抓捕刑讯。这种“密报”为地痞恶棍敲诈勒索，挟嫌报复提供了广阔空间。“东厂”还设有独立于“三法司”的审讯机关和监狱。这个明代特务政治的主要支柱，制造了一系列的冤狱，酷刑致死、秘密处决更是与之俱来的“本事”。明代中叶，自英宗朱祁镇正统年间的王振用事，到武宗朱厚照正德年间的刘瑾、熹宗朱由校天启年间的魏忠贤，无一不是主上昏庸、权阉乱政。刘瑾把持朝政，掌控东厂，时人称他是“站着的”刘皇帝以对应“坐着的”朱皇帝。可见其气焰之嚣张。魏忠贤自称“九千岁”，掌控东厂期间发明了许多酷刑，作恶多端，一些正直忠良大臣向皇帝揭露其罪行，熹宗朱由校不但置若罔闻，更纵容魏忠贤把揭发他的大臣杨涟、左光斗、周起元等相继害死。明代的特务政治，从锦衣卫到东厂、西厂、内行厂之类名目的特务机关重重叠叠，在中国历代王朝的政治中，明朝可谓是特务政治最发达最严密的朝代，但它们都没有能让明王朝免于灭亡。只是留下了这个“东厂胡同”供后人指点评说。

这条胡同除了有这么个衙署之外，还发生过一起自然灾害。明弘治六年（1493 年）五月的一天，“忽风大作，东厂地陷约深二三丈，广亦如之”。这则天灾记录见诸《菽园杂记》卷十五、《治世余闻》上篇卷一。

在本街区的内府机构还有东安门外的“菜厂”，“掌寿鹿、獐、兔、菜蔬、西瓜、果子”。由南海子总督太监一员统领，这是一个内廷供奉机构。今菜厂胡同名称应跟这个“菜厂”有关。

菜厂胡同

元代中央公署御史台旧址，明初是北京检察使司公署，永乐至正统初年为都察院所在地。都察院迁出后，景泰年间，于谦任兵部尚书时建立团营，设帅府于此地，直到嘉靖二十九年（1550年）新设的戎政府取代团营帅府。现在的帅府胡同、帅府园胡同、校尉等街巷名称都跟团营帅府有关。

戎政府是嘉靖至崇祯时期京师军事指挥机关。《春明梦余录》称："戎政府在灯市大街……嘉靖二十九年立戎政府，统以勋臣一员，曰总督京营戎政，佐以文臣一员，曰协理京营戎政。营制有三：中曰五军；东曰神枢；西曰神机。"

王府井街区还有会同北馆和四译馆。会同馆在今东安市场以南北段，明初是燕台驿所在地。永乐年间改为会同馆，供来京朝贡的外国使节居住，馆舍"凡屋三百七十六间"。四译馆是培养与储备外语和境内少数民族语言翻译人才的地方，衙署在东安门外。

有关经济事务的衙署有灯市口迤北的都税司和灯市口路南批验茶引的批验茶引所。

据《京师五城坊巷胡同集》载，灯市口迤北有个太医院胡同，现在未详其处，有的专家认为，永乐至正统年间的太医院应设于此，东江米巷的太医院应是正统以后的事。

负责内城东城区域治安的内东巡捕厅设在东单三条东头路北。

这些大体上是明代衙署在今王府井街区的分布。

清代，今王府井大街一带是八旗中镶白旗满洲居住地。

镶白旗满洲统领衙门原在东单新开路胡同，雍正年间从新开路迁至灯市口大街西口。这是该旗旗务管理的最高管理机关。镶白旗蒙古统领（都统）衙门在甘雨胡同。在报房胡同有正白旗蒙古和正白旗汉军两都统领衙门。

理藩院 在今王府井大街南口迤西（今北京贵宾楼饭店现址），是清代创设的处理蒙、藏事务的衙署。崇德元年（1636年）设蒙古衙门；崇德三年（1638年），改称理藩院。其职掌为管理蒙古、新疆、西藏等少数民族事务，执掌部界、封爵、设官、户口、耕牧、赋税、兵刑、交通、会盟、朝贡、宗教等项。理藩院的主管限用满人，额外侍郎由蒙古贝勒、贝子中选用。其主官最初称承政、参政。顺治元年（1644年），称尚书、侍郎，理藩院从奉天（今沈阳）迁至北京。雍正元年（1723年），以王、公、大学士领院事。光绪三十二年（1906年），改院为部。

《京师坊巷志稿》载，清朝“锡拉胡同内务府武备院所属帽作局在南”。《燕都丛考》载灯市口大街“宣统间，京师地方审判厅曾设于此”。但语焉不详，不知其具体位置。

据记载：“煤渣胡同……神机营衙门在焉。又神机营衙门咸丰十一年（1861 年）建。特派亲王佩带印钥，总理事务。署内分设文案、营务、粮饷、印务、稿案、核对六处，派全营翼长三员总司各处及马步二十四队练兵事宜，每年两季拨队前往南苑扎营操演。”“神机营所属威远营捷字步队置厂于帅府园。”“神机营所属震字马队置厂于此，又有军器库。”这个屯兵之所在民国时期，有京畿警卫司令部和暂编陆军第一师司令部驻扎。煤渣胡同则是军需学校的校址。

此地跟“壬子兵变”（或称北京兵变）有直接关系。所谓壬子兵变，是袁世凯为抗拒中华民国南京临时政府迎袁南下就临时大总统职的一个政治阴谋。宣统三年十二月二十五日（1912 年 2

煤渣胡同

月 12 日)，清帝宣布退位。中华民国临时大总统孙中山也宣布辞职，并推荐袁世凯出任临时大总统，此议在临时参议院全票通过。根据协议，袁世凯应赴南京就职。实际上袁世凯根本不想离开北洋集团严密控制的北方地区。在临时政府派来专使迎接袁世凯南下时，袁世凯以超出常规、异乎寻常的热情招待专使，把专使们安置在煤渣胡同的“迎宾馆”，然后，先是授意第三镇曹锟纵兵大肆抢掠、火烧东安市场，指使乱兵威胁迎袁特使。后是操纵舆论，鼓噪“袁南下必乱”……袁世凯的阴谋得逞。只可怜刚刚繁荣起来的东安市场成了一片焦土，东四、西单、前门一带的商号遭抢、损失惨重……当时的迎袁特使们在煤渣胡同下榻处亲身感受了袁世凯手段的歹毒。

东安门大街旧照

1928 年以后，驻在帅府园的是华北第二军团总指挥部，第 22 军军需处；驻在东安门外的是华北第八军团总指挥部和独立 46 师办事处。第 14 军的电台在锡拉胡同。

1945 年至 1948 年，国民党空军空运一大队驻同福夹道（今人民解放军空军政治部话剧团址）。

历史沧桑说府邸

元代至元十三年（1276 年），大都城的皇城建成。至元二十年（1283 年），衙署、商馆陆续迁入。至元二十二年（1285 年），大都城的居民开始入住。当时，朝廷就规定迁入大都城的居民应该是有官职或有钱的富贵人家，即“以赀高及居职者为先”。根据这条规定，有人推断新城居民在皇城近旁的这个街区当以有身份、地位的蒙古人、色目人为主，汉人、南人已是等而下之，即使有，也不会多。虽然这仅仅是一种猜测，但不无道理。元代的王公大臣府邸已不可考。

明代留存的资料也并不多，见诸历代街巷录的有十王府、三公主府和昌国公府。其中，“十王府”跟这条街的街名（王府街、王府大街、王府井）有直接关系。

十王府　明永乐十五年（1417 年）六月动工，永乐十八年（1420 年）竣工。地点在今王府井大街路东，帅府园胡同以北，校尉胡同以西，金鱼胡同以南。明《太宗实录》载：“初营建北京……复于皇城东南建皇太孙宫，东安门外建十王邸……”明成祖建的这个“十王邸”引起后人许多议论，其中之一说，是明成祖按照唐长安、宋汴梁的旧制，为年“渐成长”而“未之国”的亲王营建的居住之所，应是准确的说法。关于“十王府”及与此相关的“王府”的来历、演变过程，姜纬堂所作的《七百年来的王府井》一文，作了严密周详的论证，兹不赘述。当时这个偌大的“十王府”，实际上只有一个“未之国”的亲王居住，明成祖这个重大举措，确实是“为子孙经久计”的。至于《宣宗实录》中所记：宣德三年（1428 年）四月，新作公主府三所于诸王邸之南，具体位置难以认定。其中所指“诸王邸”是否即指“十王府”，还是另外还有一个沿用了元御史台旧址的“诸王馆”？专家尚无定论。

《京师五城坊巷胡同集》中提到的“张皇亲房”，即昌国公张峦的府第，其地址比较确切。张峦是明孝宗（朱祐樘）康敬皇后的父亲，秀才出身，弘治四年（1491 年）二月封寿宁侯，第二年八月去世，赠昌国公。家住今灯市口同福夹道。生前能礼敬士人，时人多有好评。他的两个儿子则多行恶事，骄肆不法，最后被治

金鱼胡同

罪死于狱中，昌国公府归属于谁？未有进一步交代。仁宗（朱高炽）、宣宗（朱瞻基）时期倚重的“三杨”老臣之一、大学士杨溥家在东安门外，英宗（朱祁镇）天顺年间大学士李贤家在王府街，具体位置已无从查考了。

还有《顺天府志》提到灯市口大街“旧传”有嘉靖年间大学士严嵩府，今同福夹道有严世藩邸，也有专家以“不可信”质疑其真，但根据为何，则未见说明，至今谈及严嵩及嘉靖年间事，仍以“旧传”为据的大有人在。

清朝，特别是从晚清时期留下的资料来看，今王府井街区王公大臣的府邸相当密集，仅就普通能见到的《顺天府志》、一些街巷志、地名志等资料粗略统计：王公、贝子、贝勒府邸就有 13 家，其中，两家是“世袭罔替”的“铁帽子王”。大臣宅邸仅晚清时期的军机大臣（包括军机处行走）就有 11 家，如果把各部尚书、侍郎等从一品、正二品以上高官算上就远不止此数了。简记如下：

今王府井大街西侧，从南往北依次有：

温郡王府　位于今北京饭店现址。温郡王猛峨系肃亲王豪格第五子，其后裔辅国公揆惠参与康熙末诸皇子储位之争，为胤禛所忌，雍正初，被革爵，后世称其府为空府。

霞公府　位于霞公府北街。府主身份不明。

伦贝子府　位于大甜水井胡同路北。府主溥伦，系宣宗（旻宁）长子隐志郡王奕纬之继嗣孙。光绪末年，任资政院总裁。宣统年间，任农工商部大臣。袁世凯“洪宪帝制”时，曾以满族代表名义上书袁世凯劝进。

一等威勇公府 位于大纱帽胡同路北。一等威勇公长龄，正白旗蒙古人。道光八年（1828 年），以军功封“二等威勇公”。道光十七年（1837 年），晋一等。其爵世袭。

辅国公韬塞府 位于菜厂胡同，始公系清太宗第十子，康熙八年（1669 年），以镇国公晋辅国公。咸丰初年，绝嗣，府遂废。

辅国公宏升府 位于明奶子府旧址。宏升系恒亲王允祺长子，初封世子。康熙末年介入政争,为世宗所恶。雍正五年(1727 年)，黜世子，以辅国公居此。宏升子永泽继恒亲王遗爵，入为恒亲王府主（今朝内大街路北烧酒胡同）。宏升府后改为惠亲王府。

惠亲王府 宏升府旧址。惠亲王绵愉是仁宗（颙琰）第五子。嘉庆二十五年（1820 年），封惠郡王。道光十九年（1839 年），晋亲王。咸丰三年（1853 年），授奉命大将军。慈禧认为他“品行端正”。同治三年（1864 年）卒，谥曰“端”，同治帝亲临致祭。其继嗣后裔载泽迁出此府，到地安门大街新居居住。

今王府井大街东侧，从南向北依次有：

豫亲王府 位于今协和医院现址。豫亲王多铎是清太祖第十五子。顺治四年(1647 年),封辅政德豫亲王。清初“世袭罔替”八大铁帽子王之一。顺治六年（1649 年）卒，年仅 35 岁。他是摄政王多尔衮的同母弟，多尔衮死后被罪，多铎和袭多铎爵位的次子多尼都降为郡王。多尼封号为“信”,豫亲王府改为信郡王府。乾隆四十三年（1778 年），追录多铎之功，复豫亲王爵。王府亦随之复原名。嘉庆年间，北京天理教起义，该府有人参加起义，袭爵豫亲王裕丰知情不举，被夺爵。多铎府规制宏伟，占地面积

协和医院旧照

甚广，建于元御史台旧址。

怡亲王府 原府在明十王府旧址（今东安市场及其以南）。怡亲王允祥，康熙第十三子。怡亲王是雍正继位后的封号。雍正帝胤禛对“老十三”非常倚重，曾亲笔写一匾额，上书“忠敬诚直，勤慎廉明”八个大字以彰显允祥的为臣为人。雍正八年（1730 年）卒，谥曰“贤”。雍正破例定其为继清初八大“世袭罔替”之后的第九个铁帽子王。并特令于正阳门内东顺城街和西郊白家疃立专祠纪念。遵允祥本人嘱以府邸建寺。寺成，雍正敕赐贤良寺名，并亲撰碑文叙其功。

一等褒绩公府 位于金鱼胡同路北。褒绩公赖塔，正白旗满洲人，康熙二十五年（1686 年），以平南大将军恢复云南功，封一等子爵（阿思哈尼哈番），雍正年间，追封一等褒绩公，世袭。

扎萨克贝子、贝勒府 位于灯市口大街偏东路北，北京景山学校现址之一部。“扎萨克”汉译为“旗长”，是喜峰口外喀喇沁蒙古因追随后金攻明有功，于天聪九年（1635 年）获得的官职。顺治五年（1648 年），封世袭镇国公。八传至丹巴多尔济。于乾隆四十八年（1783 年），袭其父因功所晋遗爵，为扎萨克固贝子。嘉庆八年（1803 年），贫民陈德在神武门内行刺嘉庆皇帝，身为御前侍卫的丹巴多尔济护驾有功，特封贝勒。嘉庆八年闰二月二十日，嘉庆帝颙琰从圆明园回宫。依惯例，骑马到神武门换乘御轿，突然，刺客陈德从神武门西厢冲出，直奔御轿，事起仓促，卫士猝不及防，刺客已近轿前，随驾的定亲王绵恩上前阻拦，未拦住，被刺破衣袖。固伦额驸亲王拉旺多尔济和侍卫丹巴多尔济等五人，合力擒住陈德。丹巴多尔济被刺伤三处，因功晋爵。熙贝勒即熙凌阿，是丹巴多尔济的曾孙，熙凌阿承袭的是其曾祖的遗爵。这个宅院就是《顺天府志》称“相传为明相严嵩故宅”。贝勒府在 1900 年八国联军攻陷北京时，曾遭公理会牧师梅子明率教徒洗劫一空。1920 年为官办盐务学校，1937 年盐务学校停办，转卖给公理会办育英中学高中部。1952 年 9 月，人民政府接管私立学校，此处改为北京二十五中学。20 世纪 70 年代北京二十五中迁出，原建筑彻底拆除，改建为北京景山学校。

张贝子府　《顺天府志》仅记一笔。居址不详。

佟公府　位于灯市口同福夹道路北。《顺天府志》载：“顺治、康熙时孝章康皇后之弟、安北将军佟国纲，康熙时孝懿仁皇后之父，内大臣佟国维，皆封一等承恩公，后并袭，其赐第在此，故名。传云前明严世藩故宅也。”今同福夹道有两处大宅院，其一即北京一六六中现址，旧传为明嘉靖朝严世藩之宅，嗣后为佟国

同福夹道

纲府。1916 年协和女子大学在此院，后为贝满女中高中部。另一处即现在空政话剧团所在地，明朝戎政府即在此处。有些资料即指清朝为佟府所有。佟府后人“介少宗伯福第在灯市口，有野园”（《藤阴杂记》)。《顺天府志》称：“介为佟氏后人，野园今尚存。”《燕都丛考》作者于此加按语：“曹润田总长宅，在佟府夹道颇宏壮，当即从前之野园。”曹润田即曹汝霖，民初营巢于此当可信。这两处宅院均曾是佟府所有。

今王府井街区有两条胡同居住过的名人，以军机大臣、大学士为多。

其一是锡拉胡同，在这里住过的军机大臣有官文、鹿传霖和袁世凯。

官文（1798 年—1871 年） 正白旗满洲人，王佳氏，字秀峰。

历任蓝翎侍卫、头等侍卫、副都统、荆州将军、湖广总督。咸丰十一年（1861 年），为文渊阁大学士，留任总督。因攻取太平军据守的安庆有功，加太子太保衔。同治元年（1862 年），晋文华殿大学士。同治三年（1864 年）五月，督师汉川，协助湘军攻取天京有功，封一等伯爵。此人主要活动是跟太平军、捻军作战，屡有战功。同治七年（1868 年），与西捻军作战失利，受处分。同治八年（1869 年），回京管理户部三库，授内大臣。

鹿传霖（1836 年—1910 年） 直隶定兴人，字滋（芝）轩，号迂叟。咸丰年间举人，历任桂林知府、河南、陕西巡抚，光绪二十一年（1895 年）任四川总督，一度被免职。光绪二十四年（1898 年）戊戌政变后任广东巡抚，光绪二十五年（1899 年）任江苏巡抚兼两江总督，光绪二十六年（1900 年）八国联军攻陷北京，慈禧出逃，募兵三营至山西，亲自护送慈禧到西安。授两广总督、升军机大臣。光绪二十七年（1901 年）回京兼督办大臣。

袁世凯（1859 年—1916 年） 河南项城人，字慰亭（又作慰庭），别号客庵。清末民初最为显赫的人物。光绪二十七年（1901 年），继李鸿章署理直隶总督、北洋大臣，光绪二十八年（1902 年），实授。光绪二十九年（1903 年），为练兵处会办大臣。光绪三十三年（1907 年），调军机大臣、外务部尚书。宣统三年（1911 年），出任内阁总理大臣。

他在任内阁总理大臣时，住在锡拉胡同，每天经王府井大街、东安门外大街进出东华门。1912 年 1 月 16 日上午 11 时 45 分，袁世凯出东华门回家，行至东安门大街三顺茶叶店门前遭革命党人张先培、黄芝萌、杨禹昌等伏击，史称“东华门事件”。

另一条胡同即东厂胡同，在这里先后住过瑞麟、沈桂芬、荣禄三位军机大臣，中华民国第二任大总统黎元洪也曾在此处购宅安家。此前袁世凯也在东厂胡同暂住过一段时间。

东厂胡同自明亡，东厂特务机关废弃，原外署衙门及监狱等设施无人经管，至清中叶颓毁已久，瑞麟在此购地置宅之前，这条胡同几成废墟。瑞麟大修宅第之后，渐成富贵之地。

瑞麟（？—1874 年） 正蓝旗满洲人，叶赫那拉氏，字澄泉，历任太常寺少卿、礼部右侍郎等。咸丰三年（1853 年），以户部侍郎奉命率兵从僧格林沁镇压太平军。咸丰十年（1860 年），对英法联军作战连续失利，被革职，随咸丰皇帝走热河。议和后，随僧格林沁赴山东跟捻军作战。咸丰十一年（1861 年），管神机营事，后授两广总督，复拜文渊阁大学士。同治十一年（1872 年），转文华殿大学士。

此宅后为沈桂芬借住。

沈桂芬（1818 年—1881 年） 顺天府宛平（北京）人，字经笙。同治二年（1863 年），署山西巡抚，严禁山西的鸦片种植。同治六年（1867 年），任军机大臣兼总理各国事务衙门大臣。

荣禄（1836 年—1903 年） 正白旗满洲人，瓜尔佳氏，字仲华。光绪十七年（1891 年），出任西安将军。中日甲午战起，授步军统领。光绪二十一年（1895 年），授兵部尚书，总理各国事务衙门大臣，统率北洋三军。反对变法维新，参与戊戌政变，捕杀维新派人士。光绪二十六年（1900 年），八国联军攻陷北京，

王府井大街27号

随慈禧逃往西安。光绪二十八年（1902 年），护驾回銮，加太子太保，文华殿大学士。

东厂胡同的荣禄宅是他的新宅。荣禄出生的旧宅在菊儿胡同东段路北。荣禄迁新宅后，旧宅随即售出。

民国时期，第二任大总统黎元洪住在今王府井大街 27 号，是黎入住之后新开的大门，原门在东厂胡同。

黎元洪（1864 年—1928 年） 湖北黄陂人，字宋卿。辛亥革命后任副总统、议政院院长等职。袁世凯死后继任大总统。黎大总统府就在东厂胡同。1917 年 7 月 1 日，张勋复辟，赶黎元洪下台，并要挟黎元洪在预先拟定的所谓交还国政的“奏折”上签字画押。黎元洪拒签，旋避居东交民巷，并电冯国璋代行大总统职权。7 月 14 日通电下野，到天津居住。1922 年 6 月至 1923 年 6 月，黎元洪重回北京期间仍住在东厂胡同宅。再度下野后，将宅出售。

在本街区其他街巷居住的还有：住在东单二条的翁同龢，住在东单三条的光绪年间军机大臣、大学士麟书，住在金鱼胡同路北的宣统年间军机大臣、大学士那桐。

东单三条

翁同龢（1830 年—1904 年） 江苏常熟人，字声甫，号淑平，晚号松禅。推动戊戌变法维新的核心人物。历任户部侍郎、都察院左御史，刑部、工部、户部尚书，军机大臣兼总理各国事务衙门大臣，光绪皇帝的师傅。曾向光绪皇帝推荐康有为，主张变法，为慈禧所忌。戊戌政变后，被“革职”永不叙用。宣统元年（1909

年），诏复原职。

那桐 镶黄旗满洲人，叶赫那拉氏，字琴轩。光绪二十六年（1900年），任总理各国事务衙门大臣期间，因八国联军侵占北京，慈禧皇太后和光绪皇帝出逃，那桐与奕劻、李鸿章留北京与各国使团谈判议和。宣统元年（1909年），任军机大臣。清亡，居天津。他在金鱼胡同的住宅，称“那家花园”，那桐的家庙在西堂子胡同，菜厂胡同今7号院有那桐的祠堂。据那家后人张寿崇回忆，1912年孙中山先生来京时，曾三次到那家花园出席欢迎会。第一次是8月29日上午11时，参加国务总理陆徵祥和内务部长赵秉均举行的欢迎会；第二次是9月8日下午5时，参加满族同进会和蒙古族联合会举行的欢迎宴会；第三次是9月11日晚，与黄兴参加清皇室举行的欢迎宴会。

住在西堂子胡同的英桂，宅院很大，几乎占西堂子胡同的半条街。

英桂（1798年—1879年） 正蓝旗满洲人，赫舍里氏，原隶包衣，以翻译举人考取内阁中书。历任军机章京、青州知府、山西按察使、山东布政使等。咸丰三年（1853年），升任河南巡抚，咸丰八年（1858年），调任山西巡抚。在此期间，主要是奉命督办皖、苏、豫三省军务。同治二年（1863年），任福州将军，同治五年（1866年），兼署闽浙总督。同治七年（1868年），调闽浙总督，同治八年（1869年），兼署福建巡抚。同治十一年（1872年），回京任兵部尚书兼总管内务大臣等。光绪元年（1875年），授协办大学士。光绪三年（1877年），授体仁阁大学士。

住在这一街区的还有军机大臣行走廖寿恒（大纱帽胡同）、户部尚书广寿（锡拉胡同）、学部侍郎宝熙（大甜水井）、户部侍郎陈璧（小甜水井）、杭州将军果勒敏、仓场侍郎成琦等，这些都是见诸著述的大官僚宅第。一些知名度不如这些高官那么高，但在这一带拥有大片住宅的官员们还有不少。例如：光绪年间吏部官员延熙（镜臣）在纱帽胡同和梯子胡同之间有房屋近百间，占地15000平方米。1911年6月，被改为印铸局衙门和工厂。像这样的府第、宅院就不能一一列举了。

除上述清代的王公府邸、大臣的宅院之外，更值得记述的是曾在此间住过的近、现代名人。如：1900年八国联军攻陷北京时，一家三口殉难的国子监祭酒、金石学大师王懿荣；1949年致力于北平和平解放而遭国民党特务炸弹袭击的北平市前市长何思源，曾住在锡拉胡同9号（今19号）；家住灯市口西街丰富胡同19号，被誉为“人民艺术家”的老舍先生（1899年—1966年，原名舒庆

锡拉胡同19号

老舍故居

春，字舍予，北京人），他们三人一生的品德、学识和业绩值得人们永远铭记。

还有曾在抗日战争中做出过积极贡献的国民革命军驻北平的第二十九军军长宋哲元，曾在北梅竹胡同7号院居住过。

还应提到一位外国人莫理循（George Ernest Morrison，1862年—1920年）。这位生于澳大利亚的英国人，是20世纪初最著名的“中国通”。光绪二十年（1894年）来中国。长期任英国《泰晤士报》通讯记者。光绪二十八年（1902年），购买当时王府井大街100号房产（王府井大街南段西侧）为居所，他的藏书也在此处。1912年，受聘为民国大总统袁世凯的政治顾问。1917年，辞职回国。他特别注意收集关于远东的西文书籍，归国前将其藏书全数卖给日本人岩琦，后成为日本东洋文库图书馆的基础。莫理循著有《中国纪游》(1895年)。1919年，曾以民国政府代表团顾问身份出使巴黎和会。1920年，病逝于伦敦。

风格迥异的宗教建筑

东四清真寺 位于东四南大街西侧。建于元至正六年(1346年)，称礼拜寺。明正统十二年(1447年)，后军都督同知陈友捐资重修。景泰元年(1450年)，景帝朱祁钰赐名“清真寺”。寺门前曾刻有“敕赐清真寺”石额。弘治十六年(1503年)，孝宗朱祐樘向东四清真寺伊玛目马颙颁赐劄副(委任状)，“扶位为第一任官任掌教”。由此，该寺被称为北京“四大官寺”之一。元明时期，东四牌楼一带多为回民仕宦、富有人家聚居，寺的建筑规模宏伟，占地面积广阔。现存东四清真寺占地面积5475平

东四清真寺外景

方米，建筑面积2351平方米。

据说初建时寺门有坊，坊前有石桥，石桥外大街东有照壁。大门三间，朝东，灰筒瓦硬山顶，上有吻兽及垂兽，清末均毁。现在的寺门是1914年王之臣等改建。今大门为王府式三间，门两壁墙上镶有“清真古教”四字。大门正上方匾额为“清真寺”。从大门向里望去，一派肃穆庄严，深邃开阔。门内甬路两侧是侧柏与古槐。大门内有西式厢房，南北各一小间和六大间，水房在北厢房。二门五间，前后带廊。西式门面为砖券门，为“中西合璧”式。二门内小院，北有平房三间，过院有垂花门，门南北有带漏明窗的走廊，此处原为邦克楼（即宣礼楼）所在部位。该楼是一座二层方形攒尖顶建筑，为招呼穆斯林群众做礼拜而设。它的铜宝顶直径约2尺，上铸阳文“成化丙午年造”，由此推知该楼建于明宪宗朱见深成化二十二年（1486年）。此楼毁于清光绪年间

东四清真寺内景

的一次地震（另一说是毁于火）。铜宝顶高 0.78 米，直径 0.61 米，现存于大殿前厦内。

垂花门内的庭院为礼拜殿，是该寺的正殿。殿坐西朝东，灰筒瓦庑殿顶，面阔五间，前带抱厦。殿内雕梁画栋，金碧辉煌，可容纳五百人同时礼拜。它的前半部是木结构，后半部窑殿为无梁式穹隆顶结构，正面三座拱门上有精美的经文砖刻，融中国与阿拉伯古建筑风格为一体。殿前抱厦内南端立一座明万历七年（1579 年）建的《清真法明百字圣号》碑，碑身高 91 厘米，宽 67 厘米，下有须弥座。碑阳为汉文，252 字，记叙伊斯兰教创始人穆罕默德事迹；碑阴用阿拉伯文和汉文刻“真主尊名”。院内南北各有五间配房，均带前廊。大殿与配殿均为明代建筑。南配殿是资料室，保存着各种版本的《古兰经》，包括具有中国伊斯兰特色的手抄本，其中有元延祐五年（1318 年，伊历 718 年 6 月）的穆罕默德伊卜尼·艾哈迈德手抄的《古兰经》。经文的每一段落均以金粉绘饰精美图案，工艺精细，可视为国宝。寺内还保存有明、清两代的伊斯兰教文物，其中有一座精美瓷牌，白地蓝字阿拉伯文“清真言”，瓷牌周边镶以赤金雕空的阿拉伯赞词。

东四清真寺被誉为北京穆斯林文化中心，近代回族和中国伊斯兰教的文化摇篮。民国时期办有小学和回民中学（1926 年）、成达师范学校（1929 年）。并于 1938 年在大殿南侧西式砖楼内建立起北京市第一所伊斯兰教图书馆——福德图书馆，在殿西北角大礼堂办起回民俱乐部。本寺还编辑发行伊斯兰教综合月刊《月华》旬刊。我国第一部汉译《古兰经》及注释由王静斋阿訇在寺内脱稿完成。中华人民共和国成立后，寺内举办少数民族训练班和北京回民文化俱乐部。1954 年，安士伟阿訇在寺内创办经学院。

1974 年，政府拨款将东四清真寺修葺一新，大殿南侧、西侧之建筑均拆除。

东四清真寺为北京伊斯兰教协会所在地。

东四清真寺是我国穆斯林与世界其他国家穆斯林兄弟友好交流的重要活动中心。每年开斋节中外穆斯林 1000 多人来寺会礼。巴基斯坦、索马里、苏丹、塞内加尔、马来西亚、孟加拉国、阿富汗、埃及、阿尔及利亚、坦桑尼亚、摩洛哥、突尼斯等国在北京的穆斯林曾在此礼拜。

元、明两朝，今王府井街区存在过的寺庙宫观为数不少。有些在当时还是地位显赫的大寺。如元朝时，位于保大坊枢密院公堂以西的武成王庙，从祀的有孙武子、张良、管仲、乐毅、诸葛亮等十人，每年春秋仲月上戊日，枢密院均遣官行礼，可见它的显赫。在保大坊的大寺还有舍饭旛竿寺。此外，还有明时坊的真武庙、王府井街的迎禧观、华岩寺（今锡拉胡同北、灯市西街南）和位于蓬莱坊的崇真万寿宫（俗名天师庙,元至正年间建）。明代，街区内有成寿寺（椿树胡同）、玄极观（甘雨胡同）、天将庙、法华寺。这些寺庙都已无存。值得特别提及的是法华寺。

法华寺　位于大报房胡同。明正统年间，太监刘通舍宅为寺。该寺在当时是皇城以东有名的大寺之一。寺坐北朝南，山门左右钟鼓楼，正殿额书“大雄殿”。殿外穹碑有二，都是明成化七年（1471 年）所立。一为敕赐法华寺碑，一为德聚和尚行实碑。又万历年间碑一，天启中重修碑一。还有清乾隆四十三年（1778 年）德悟和尚行实碑一。另有未详年月的一碑，碑文是记述真如禅师的功德。其文略称：真如禅师在此静修，见寺近颓敝，苦心修葺，此寺得以保全云云。禅师于戊寅年圆寂，因立碑次叙其功德。据此推断，此碑应系乾隆二十三年（1758 年）所立。碑阴刻有“曹洞宗派”四字，表明该僧所奉佛教的宗派门户。正殿为毗卢殿，殿宇轩敞，庭中杂莳花木。该寺规模宏大，地近皇城。咸丰十年（1860 年），英法联军攻入北京时，在京清廷议和大臣在法华寺设巡防处，并在该寺交涉和谈事宜。该寺也是外省来京大员待召候见之所。光绪二十四年八月初三（1898 年 9 月 18 日）夜，在戊戌变法关键时刻，谭嗣同会见等候光绪帝召见的袁世凯，鼓动袁世凯起兵反对慈禧、奕劻、荣禄等保守派的历史事件，就发生在法华寺。

谭嗣同

民国期间，法华寺年久失修。20 世纪 50 年代大部建筑已成民居，唯有以上历史事件曾在该寺发生仍留在人们记忆之中。

在现有历史文献中，还提到“灯市口大街东有二郎神庙”。《顺天府志》称：国朝康熙三十五年重修，有仓场侍郎石文柱撰记。碑略云：“据

原法华寺内的德悟和尚行实碑

道书称，二郎神为清源真君，唐贞观二年创庙于此。宋元祐二年重修。”以此说，则二郎神庙当为本街区初建最早的道教庙宇。《燕都丛考》作者质疑此说。写道：“碑文称庙创于唐、修于宋，不知所据。且宋哲宗元祐二年，为辽道宗大安三年，不曰辽修，而曰宋修，事恐未核。”这种怀疑是有道理的。因此，这座二郎神庙的始建年代只好存疑。

东堂　原名圣若瑟堂。位于王府井大街东侧，罗马式建筑。大堂建筑面积 1002.9 平方米，其他用房面积 316 平方米，总占地面积 1 万平方米。大堂进深 60 米，正面开三门，两侧有旁门，堂顶立三座十字架。堂内有 18 根圆形砖柱支撑，柱基为方形，堂内两侧挂有耶稣受难等多幅油画。大堂正门石柱上楹联为“庇民大德包中外，尚父宏勋冠古今”，横额为“惠我东方”。

东堂始建于清顺治十二年（1655 年），是京城仅晚于南堂的第二座天主教堂。创建人是葡萄牙人利类思和安文思二位神父。明末，这两位神父在四川传教。明亡，清军将他们虏来北京，在肃王府当差，当差期间，在府中讲道，赢得府中人尊重，府中有

东堂

人开始信奉天主。给他们外出行动自由后，他们在社会上传教，信众日益增多。后被介绍到皇宫，皇室发给俸禄，取得了一定的社会地位。教友们为他们购置了房屋数间，作为临时经堂。顺治十二年（1655 年），顺治皇帝赐给他们二人一所宅院和一块空地。于是他们就在空地上建筑教堂，奉圣若瑟为主保。康熙五十九年（1720 年）大地震，教堂被震塌，第二年重修。重修后的东堂内，有郎世宁绘画多幅，以圣像最为名贵。嘉庆十二年（1807 年），不慎失火，房舍、书籍等尽成灰烬，唯圣堂未被波及。东堂主持神父福文高、李拱辰被移住南堂。因延续多年的“礼仪之争”，清廷将东堂没收，随即拆毁圣堂，东堂遂废。

东堂旧照

咸丰十年（1860 年），清廷按照法军司令官转达的教会要求，发还了东堂占地。东堂重建，因经费困难，仅能清理出地面，盖起平房数间，以为祈祷公所。光绪十年（1884 年），田类思主教向国外募捐，重建罗马式大堂。光绪二十六年（1900 年），义和团运动中再次被焚。光绪三十年（1904 年），法国和爱尔兰用部分“庚子赔款”重建圣若瑟堂（即今日所见之东堂）。

东堂用地最初属于葡萄牙教士，后由法国遣使会主持。1952年以前，历届东堂神父皆为比利时、法国、意大利、爱尔兰等国神父担任。一些有名的神父曾在此任职，如南怀仁、罗培元等。1952 年 9 月 3 日所有外籍神父离境后，即由中国神父担任。

中国天主教友爱国会（中国天主教爱国会）会址即设于东堂。

贤良寺 位于王府井大街东侧校尉胡同 10 号。始建于清雍正十二年（1734 年）。原为怡亲王允祥（康熙皇帝第十三子）的府邸。雍正八年（1730 年）允祥去世，按其生前愿望，把他的宅第改为寺庙，雍正亲自赐名“贤良”。雍正十二年（1734 年）寺成（第二代怡亲王新府在朝阳门内）。乾隆二十年（1755 年），贤良寺移至冰盏胡同（即今所在）。新寺较原寺规模稍小，然“层甍云构，闲院花飞。粥鼓晨严，鑪烟昼静。地无人迹，竟日苔封，洵精蓝也”（《天咫偶闻》）。贤良寺地近紫禁城，外省封疆大吏入觐述职者，也常住在贤良寺，曾国藩、李鸿章都曾在贤良寺住过。

咸丰十年（1860 年）英法联军占领北京期间，法军即驻贤良寺，以此为侵略军活动的中心。光绪二十六年（1900 年），李鸿章在寺内办公，与八国联军谈判“和约”。1917 年张勋复辟时，康有为等保皇派人士也曾寄居于此。现该寺建筑大部已无存，成为校尉小学的一部分。

华北公理会（美） 在灯市口油房胡同建立董事部、主计处、办公室及圣道女子学院。清同治十二年（1873 年），建筑能容纳 200 人做礼拜的小教堂。光绪三十年（1904 年），建灯市口堂（现为北京二十五中）。

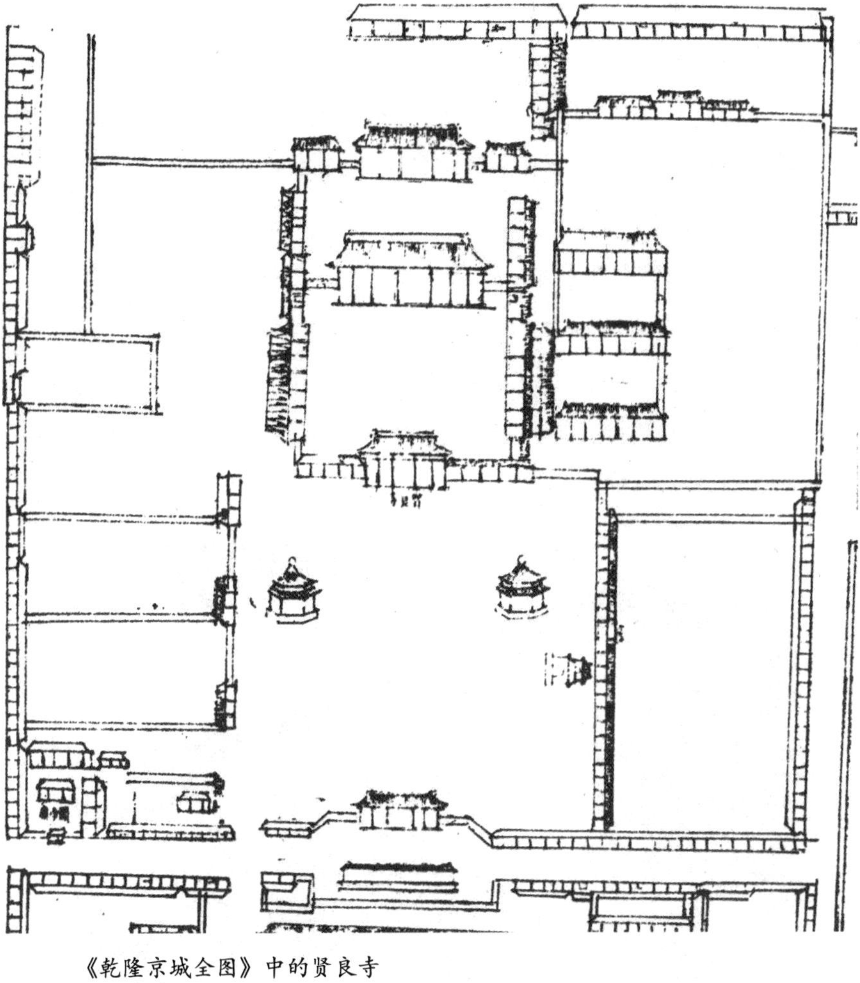

《乾隆京城全图》中的贤良寺

中华基督教会河北协会（美长老会） 1919年，在东单北大街建米市堂，现为神学院。

救世军（英） 在王府井大街于1922年建救世军堂，现为北京少年之家。

圣经会 清光绪十六年（1890年）美国圣经会北京分会开办，地址东单北大街21号。圣经会会所现由北京市基督教三自爱国运动委员会使用。

北京基督教青年会 清光绪三十三年（1907年），北美协会派人来北京在东单北大街建立北京基督教青年会。宣统二年（1910年）会所建成。内有礼堂、体育馆、浴室、厨房、夜校、英文补习等。1921年扩建南楼，开办图书馆。1949年后，成为北京市民主青年联合会的团体会员。

北京基督教青年会（旧照）

北京基督教女青年会

北京基督教女青年会 1916 年创办，原会址甘雨胡同，1937 年，迁入西堂子胡同新会所。1949 年后，成为北京市妇联和北京青联的团体会员。

文苑撷英

文化是王府井街区深厚的底蕴，

文化是王府井街区辉煌的现实。

《文苑撷英》通过“活跃的教育事业”“众多的文化设施”“著名的艺术团体”“星罗棋布的新闻、出版、发行单位”的介绍，领略旧时的风采，感受今日的辉煌。

活跃的教育事业

王府井街区自 19 世纪中叶开始，逐渐成为北京中西文化交流相当集中、活跃的地区。

中国协和医科大学 其前身可上溯至清光绪三十二年（1906 年）建于东单北大街的协和医学堂。医学堂附属于伦敦教会，校长是科克伦，有英美籍医生 20 余人任教。课程设置及学习年限：1~2 年为英语、普通学及医学大要。3~4 年教授内科、外科，最后一年根据个人志愿专修某科。初建时只有一座二层小楼充作校

原协和医学院

舍，设备亦不完备。规模虽小，但在当时的北京却相当引人注目，因为它是最早在京城开设的教授西方医学的学堂。1915 年 7 月，美国洛克菲勒基金会驻华的中华医学基金会收购了协和医学堂的全部财产与设备，并购置了东单三条原豫王府为校址，新建协和医学院。

协和医学院于 1917 年招收第一届学生，设预科（三年）、本科（五年）两部，在校修业八年。1920 年，增设协和医学院护士学校。1926 年停办预科。1929 年，向国民政府教育部备案，改组董事会，重定校名为“私立北平协和医学院”。1930 年，学院分为医学院及教学医院（即协和医院）、护士学校两部分。1941 年太平洋战争爆发，日军占领了医院、医学院和护士学校。1945 年，日本无条件投降，医学院复校，设医本科，学制 5 年。设解剖、生理、药物、病理、内科、外科、小儿科等系。复校初，在校学生 69 人，专任教师 43 人，规模小，教学要求严格。毕业生多数留校工作，接受继续教育。建立住院医师进修制，招收全国各地的专业人员来校进修。

1951 年 1 月，中国教育部和卫生部接管，改名为“中国协和医学院”。接管时，在校医学生 87 名，进修生 48 名，见习生 40 名。1957 年，中国协和医学院并入中国医学科学院。1959 年，经国务院批准，在原协和医学院基础上建立中国医科大学。暂设医学系，学制 8 年。1979 年，改名为“中国首都医科大学”，为 8 年制全国重点医科大学，设医学专业。1985 年，改名为“中国协和医科大学”。专业设置为医学、护理、医学实验技术、医学遗传学、病理解剖等。学校还成立了基础医学、临床医学、肿瘤、药物、医学生物学等科学研究机构。1986 年 8 月，成立研究生院。1987 年 1 月，国务院学位委员会批准 8 年制本科毕业生一般授予硕士学位，其中优秀者可授予博士学位。

现在，协和医科大学和中国医学科学院实行院校合一体制。1995 年，在全国范围内设立 20 个研究所；医院 7 个，教育学院 4 个，研究生院、夜大学、出版社各 1 个。教职工 1.2 万人，其中有中国科学院院士 10 人，中国工程院院士 12 人。

医学教育包括临床、护理、研究生教育，其特点是小规模、高层次、高质量。临床医学专业实行四段教学（医预科 2.5 年，基础医学 1.5 年，临床医学 3.5 年，科学研究训练 0.5 年），修完全部课程后，通过论文答辩，成绩优异者授予医学博士学位。学校还设立医学博士、理学博士学位教育项目。

中央美术学院 中央美术学院是文化部属重点高等艺术院校，成立于 1950 年，校址在校尉胡同，由原国立北平艺术专科学校和华北大学美术系合并而成。

国立北平艺术专科学校的前身是成立于 1918 年 4 月的北京美术学院。1925 年 8 月，改组为国立北京艺术专门学校。1928 年，成立北平大学下属的艺术院校，校长徐悲鸿。1934 年，脱离北平大学，独立为国立北平艺术专科学校，严智开为校长。七七事变后南迁，1945 年，返回北平，与中英文教基金会办的中国美术学院合并，徐悲鸿再任校长。

1949 年，人民政府接管了美术专科学校。1950 年，与华北

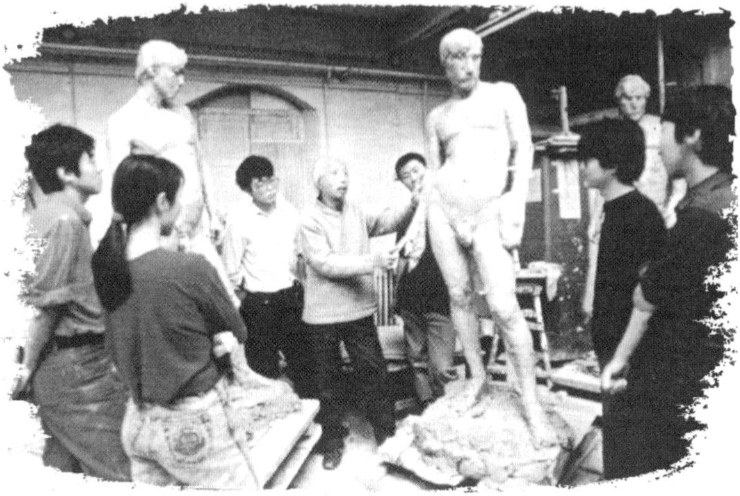

中央美术学院课堂

大学美术系合并（华北大学美术系的前身是1938年创建于延安的鲁迅艺术文学院美术系），正式成立中央美术学院，院长徐悲鸿。1953年，又创建了中央美术学院附属中学。

学院设有研究部，研究部下设美术理论、书法、民间美术3个研究室和电脑美术工作室。各研究室承担两项任务，一为课题研究，一为研究生培养和进修生培训。学院聘请了全国著名美术家来院执教，师资力量雄厚。

学院专业设置：中国画、油画、版画、壁画、雕塑、设计、美术学等7个系。本科学制4年；雕塑和环境艺术专业5年。研究生学制2年，雕塑、美术学3年。新生入学须试读1年才能取得正式学籍。

美术学院图书馆是国内规模最大的美术图书馆，藏有各类图书、画册 30 余万册，美术陈列馆还收藏有珍贵的艺术品。

1995 年 9 月，部分校舍迁至朝阳区酒仙桥。

协和女子大学 清光绪三十一年（1905 年），由美国基督教公理会创办，校址在灯市口基督教公理会教堂院内（今北京二十五中学现址）。1916 年，女子大学迁至灯市口佟府（同福）夹道。1920 年，协和女子大学、通州协和大学（男校）、北京汇文大学（原汇文书院）三校合并为燕京大学，协和女子大学改称燕京大学女校。1926 年，迁离灯市口佟府（同福）夹道，校舍归贝满女中高中部。

军需学校 清宣统二年（1910 年）创办，前身为贵胄政法学堂，校址在煤渣胡同。1928 年南迁。

北京盐务学校 北京盐务署于 1920 年创办，校址在灯市口熙贝勒府，1937 年停办。校舍卖给公理会办育英学校，为育英中学高中部（今北京景山学校现址）。

北京一六六中学 前身为私立贝满女子学校的中学部。贝满女中始建于清同治三年（1864 年）由美国基督教公理会派来中国的传教士艾莉莎·贝满夫人创立。“贝满”的校名就是由此而来。这所女子学校最初设在灯市口大街北面的大鹁鸽市胡同，规模很小，主持校务的只有艾莉莎·贝满 1 人。所谓“书院”实际上是一所小学。光绪二十一年（1895 年），学校发展初具规模，开始成立四年制女子中学，校名为贝满女子中学。光绪二十八年（1902 年）校舍南扩，校舍建在灯市口大街路北公理会大院内。当时该校校长是梅迈女士（美国人），教员 8 人，其中，外籍教师 4 人、

北京市第一六六中学

中国教师 4 人。课程有普通学和宗教。学生 80 人。1923 年，贝满女中成为三三制完全中学，学生人数激增，分成初中部和高中部，附设小学部（后改为培元小学）。初中仍在公理会大院，高中部迁至同福夹道原协和女子大学所在的佟府。1927 年，国民政府教育部批准立案，定名为北平私立贝满女子中学。校长亦根据国民政府规定由中国人担任。第一任校长为管叶羽。1941 年，太平洋战争爆发后，日伪当局接管，更名为市立第四女子中学。1945 年,抗日战争后恢复原校名。这时学校规模已是高中 9 个班、初中 12 个班。1951 年，改名为五一女中。1952 年 9 月，人民政府接管私立学校，结束了将近 90 年的教会学校的历史。

中华人民共和国成立后，学校几经易名和调整，位于同福夹道的高中部新建了教学楼，充实了现代化的教学设备，校名改为北京一六六中学校（男女兼收），是区属重点校。初中部旧址成为北京二十五中新址;小学部(培元小学)曾改名为王府大街小学，于20世纪80年代撤销。

贝满女中这所由基督教会创办的女子学校，应该说是开风气之先。虽说在创办之初，招收的女童都是基督徒或信徒之女，课程设置也是以宗教课程为主，学生每天都要参加各种宗教活动。但到后来，特别是20世纪30年代以后，学生中非基督徒比例超过教徒，宗教活动也转为课外活动，学生可自由参加，宗教色彩渐渐淡化。1949年北平解放前，校内宗教活动主要是“团契”。

学校师资力量雄厚，治学严谨，管理规范。师生思想活跃，有很强的学术民主气氛。无论基督徒还是非教徒绝大多数师生都有一颗爱国心。在贯穿20世纪的中华民族解放斗争中，和新中国的建设事业中，这所学校的师生都做出过重要贡献。该校校友在科学技术、文学艺术，以及社会活动中的知名人士，可以说是灿若繁星。如社会活动家李德全、中国妇幼保健事业的开拓者杨崇瑞、我国第一位获得南丁格尔奖(1983年)的公共卫生护理专家王琇英、物理学家王承书院士、谢希德院士、化学家蒋丽英院士，以及蜚声中外的文学家谢冰心，还有艺术家孙维世等等。特别应当说明的是她们当中许多著名人士，是在新中国建立之后，冲破重重阻力回到祖国，为饱经战乱、百废待举的新中国建设贡献出自己的力量。

育英男蒙馆(育英学馆) 清同治三年(1864年)，由美国基督教公理会创建。设立之初仅有外国教师1人，中国教师2人。课程有西学、中学、通学，是一个五年制小学堂。学童毕业后，

原育英中学

可转入通州协和书院读中学课程。所设课程除当时通行的蒙童课程如《三字经》《百家姓》《名贤集》《论语》《孟子》等所谓中学外，还有算术、地理、历史、生物、音乐及所谓“杂学”，宗教课程则主要是圣经。光绪二十六年（1900年），称育英学堂。1912年，设七年制小学、二年制中学，学生增至150多人。1926年，中学改制为四年制，学生增至500人。根据国民政府令，设立董事会，校长由中国人担任，第一任校长李如松，副校长仍由美国人担任。1930年，增设高中部（盐务学校旧址）。20世纪三四十年代，学校规模迅速扩大，学生人数激增，成为有小学部（油房胡同，二院，现灯市口小学）、初中部（灯市口，一院）、高中部（灯市口，四院）、专用操场（骑河楼，三院，现六十五中）、菜园（东单北大街，五院，扩建马路已拆除）的较大规模的学校，称北平私立育英学校。

1952 年 9 月，人民政府接管，改为北京二十五中学。

北平私立育英学校办学很有特色。在 20 世纪三四十年代，是华北特别是平津一带有名的学校，聘请了不少平津地区有名的教师任教。教风严谨、学风活泼，30 年代国民政府在北平举行第一次（也是唯一一次）高、初中会考，育英学校荣获双元。学生中自由组织了许多学术、文艺、体育以及社会问题研究团体，促进了学生个性的全面发展，这个优良传统依然为后继者继承和发展。20 世纪 50 年代，曾被北京市人民政府评为“红旗单位”。20 世纪末，实验新的学校办学模式——民办公助，保持了良好的发展势头。该校为国家培养大批人才，其中有献身民族解放事业的志士，也有各界的精英。

北京景山学校 始建于 1960 年，原为中共中央宣传部为实验中小学教育改革而设的实验学校，校址在灯市口大街，原私立育英中学旧址。

建校之初，学校就对中小学学制，课程设置、教材、教法、课外活动、思想教育、学校管理体制等方面进行了整体改革实验。学校自编了小学五年制语文、数学教材。学校还承担了国家级、教育部和北京市的教育科研课题。

1983 年，邓小平为景山学校题词：“教育要面向现代化，面向世界，面向未来。”景山学校是联合国教科文组织所属的“亚洲教育革新发展计划”组织的联系中心之一。1994 年，新校舍落成，建筑面积 33000 平方米。现行学制为小学五年，初中四年，高中三年，小学与初中实行一贯制，是国家级重点学校。

景山学校校园

北京市一六八中学 校址在校尉胡同，曾用名为帅府园中学、燎原中学，是一所初级中学。

灯市口小学 前身即初建于清同治三年（1864 年）的育英蒙童馆。1932 年，称北平市私立育英小学校。1952 年，人民政府接收。1983 年，改建新校舍，建筑面积 3600 平方米，占地面积 4602 平方米，学生人数达到 1200 多人。该校办学特色突出，经多年实践，形成以美促智，寓德于美的教育风格。1990 年，被市教育局命名为“贯彻小学生行为规范标兵校”。

校尉胡同小学 校址校尉胡同 8 号，现有 16 个班，学生 500 余人。

学前教育 今王府井街区的学前教育机构是公理会始建于清光绪二十九年（1903 年），位于灯市口的“博士幼稚园”。光绪三十一年（1905年），迁至大鹁鸽市胡同。该园建园之初，收托5~6岁幼儿45名，今名为“王府大街幼儿园”。位于今王府井街区的还有北京市第二幼儿园（甘雨胡同）、东单三条幼儿园（校尉胡同）、灯市口幼儿园（灯市口大街53号），各街道和教育系统管理之外的园所未计入。

成人职业教育 今王府井街区的成人职业教育兴起也较早，影响也较大。首倡者是基督教青年会于清光绪三十三年（1907年），在东单北大街创办的英文补习学校。1916年，基督教女青年会办职业补习学校。两会所办的职业补习学校各有200~300人。两青年会所办补习学校一直开办包括英语、文化、财经等补习班，采取长短期培训相结合的方法，为社会服务团体办学，聘请专业人士授课，青年会提供校舍，并提供一定资金，并由一些社会人士捐献一些教学设备，在成人职业教育方面做出了突出贡献。

其次是位于灯市口西口，创办于1928年的私立声声打字职业补习学校，校长李焕章。该校设置英文打字、升学预备、会计、统计、数理化补习、打字机修理、汽车驾驶等班。贫困学生约占三分之一。1949年，人民政府发给该校本市第一号私立补习学校的办学执照。1954年，联合今东城区域内8所私立打字学校联合办学，成立私立联文打字机补习学校，1959年一度停办。1981年，恢复办学。1983年，办星期日免费班。1984年，招收残疾学生班和勤工俭学班。1993年停办。在其存续期间，共培养学员12000余人，其中，外省市学生约占四分之一。

众多的文化设施

元、明两代内城文化娱乐设施留存的资料不多。清朝，大清律规定“内城逼近宫阙，禁止开设戏园、会馆、妓院”。同治年间虽有人试图突破例禁，以茶轩、茶园形式搭台唱戏，仍遭步军统领衙门奉上谕严禁。直到光绪三十二年至三十四年（1906年-1908年），才在东安市场内陆续搭建起吉祥茶园、丹桂茶园和中华舞台（也是茶园）三个戏园，在内城引起轰动。这三座茶园于光绪三十四年（1908年），经内城巡警总厅向民政部呈报

旧时戏台

案，并获“饬厅酌核情形妥为办理”的指示，应是内城首开戏园的先例。

旧时剧照（一）

吉祥茶园 位于金鱼胡同西口路南，东安市场内。光绪三十二年（1906年）建（另一说为1907年）。1907年2月9日正式开业，这是内城开办最早的戏园，名吉祥茶园。初建的条件十分简陋，戏棚是用杉篙苇席搭盖的，戏台很小，台下观众席是可坐两三个人的长条凳。顾客进园不购门票，也不收费，落座后，茶房即来沏水。开戏后，茶房来收“茶资”。茶园秩序很差，观众边饮茶、边聊天、边看戏，小贩们则穿行其间，兜售香烟和各种小吃，确属“茶园”，而难称其为“戏园”。

1920年6月，东安市场再遭火劫，吉祥茶园虽未被火烧毁，但园舍破坏严重，只得重建，出资重建人是前清大公主府的总管刘燮之。新建戏园为二层楼，可容纳800余人。楼下为男座，楼上为女座，单人单椅，设有散座和包桌。戏台也经重修。开戏时间一般是上午10点，下午5点散戏，晚上是不准演戏的。重建后的吉祥茶园开业后生意十分兴隆，很多京剧演员争相在此演出。梅兰芳的《嫦娥奔月》《黛玉葬花》和《天女散花》都是在吉祥首演，当时的名角如谭鑫培、孙菊仙、何桂山、刘鸿声、王

旧时剧照（二）

瑶卿、杨小楼、朱素云、余叔岩、王凤卿、高庆奎、贯大元、汪笑侬、姜妙香、龚云甫、马连良、侯喜瑞、于连泉等，都曾在吉祥戏园登台献艺。1949年,改名为“吉祥戏院”。除北京的京、昆、评、梆、曲各剧种外，全国各大剧种，如豫剧、吕剧、杨剧、锡剧、淮剧、徽剧、汉剧、沪剧、越剧、绍剧、粤剧、闽剧、桂剧等剧种，还有黄梅戏、花鼓戏、二人转等戏曲，都曾在此演出。吉祥戏院被誉为艺术家的摇篮，当代戏剧荟萃之地。这里也是国内许多重大文艺活动的首选演出场所。

1952年10月“全国音乐舞蹈会演”,1953年4月“全国曲艺、曲剧会演”，1964年6月“全国京剧现代戏汇演”，以及80年代的第一、二届“中国国际艺术节”等都在这里演出。吉祥戏院为戏剧艺术的发展，做出过重要贡献。1993年10月，新建东安市场时被拆除。

旧东安市场内，除吉祥戏院外，还有市场西门南边的丹桂茶园，也是光绪末年兴建。茶园可容纳六七百人，基本格局与吉祥相同而略小。生意一度红火，而后清淡，于1931年前后关闭。另外还有中华茶园、东安茶园和一些清唱票房、落子馆（上演大鼓、单弦、莲花落等曲艺节目）和书茶馆（说评书的艺人在茶馆说书）。这些茶园、茶社、茶楼，除了所谓清茶馆和大碗茶摊以外，大都有文化娱乐节目演出，它们成为当年东安市场内人们雅俗共赏的娱乐、休闲场所。

瀛寰大戏院 1932年2月建成开业的新式剧场，位于灯市口大街东口路北。戏院的外观仿西洋建筑，新颖别致，设备先进，有700多个座位。开业时北京富连成科班来院致贺演出，京戏名角杨小楼、尚小云、荀慧生等都曾在此演出。1936年改建，称飞仙电影院。1937年10月，又改称飞仙剧场，影剧兼营。1945年，该院由国民党十一战区政治部接收，改称建国东堂。抗战时期国民政府军事委员会政治部第三厅组建的抗战演剧队二队来北平，在建国东堂演出曹禺的《北京人》、郭沫若的《孔雀胆》、高尔基的《夜店》、田汉的《丽人行》和俄罗斯名剧《大雷雨》等。中国共产党领导的祖国剧团也曾在这里演出。1948年，著名昆曲演员韩世昌、白云生等组建了北平昆曲学会，每周三在建国东堂演出一场昆曲。平时则以放映电影为主。1949年北平解放后，北平军管会文化委员会接管了该院，称解放影剧院。1950年3月，因房舍及设备年久失修停业。原址现为民居。

中国青年艺术剧院剧场 位于东单头条17号。前身是40年代所建的美琪电影院。1949年，划归中国青年艺术剧院专用。

以演出青年艺术剧院自身排练的话剧为主。1994年，因东方广场建设征地，被拆除。

中国儿童剧场 位于东安门大街64号，隶属于中国儿童艺术剧院。前身是1921年10月由罗明佑创建的“真光电影剧场”。20世纪50年代改称“北京剧场”。1959年，正式命名为中国儿童剧场，剧场名由宋庆龄亲笔题写。1987年，在原址重建。

1990年9月18日，新剧场投入使用。

新剧场外部结构仍然保持了西欧的建筑风格。内部结构根据专业剧场演出要求重新设计，可以满足现代各剧种的演出要求。舞台面积共120平方米，吊杆42道，可以分离的升降乐池一个，一个正反向转台直径8米，一个可升降反向中心小转台直径2米。配备有大功率环回立体声高保真电声系统，计算机程序控制灯光系统。剧场西侧顶楼设有激光录像放映厅；四楼设有多功能厅，面积400平方米，装备全套电声系统和自动灯光设备，可满足会

中国儿童剧场

议、歌舞等特殊活动的要求。总占地面积 2500 平方米，建筑面积 6480 平方米，观众厅设座 818 个，是当今国内现代化程度较高的儿童剧场。

首都剧场 位于王府大街 22 号，北京人民艺术剧院的专用演出剧场。始建于 1954 年，1955 年 11 月 5 日建成投入使用。

首都剧场占地面积 11704 平方米，建筑面积 6317.1 平方米，观众席 1225 个。舞台宽 26.15 米，加两侧副台共宽 43.5 米；舞台深 19.4 米，台高 2.2 米，台口高 9 米，台顶高 26 米。有可容纳 80 人演奏的乐池。设有机械转台，直径 16 米。装有电动、手动吊杆 66 根；装备有较先进的灯光、音响和电影放映设备。除接待话剧团演出外，还可以接待其他剧种演出。

1995 年，在剧场院内东南侧，建起小剧场一座，占地面积

首都剧场

600 平方米，使用面积 450 平方米。设活动座椅，可根据演出需要任意调整舞台方向和座位数量，最大观众容量 300 人。声光设备齐全。

电影院 北京第一家专门放映电影的娱乐场所，是由外商经营专为外国人放映电影的“平安电影公司”，位于东单头条路北。清光绪三十三年（1907 年），开业不久即因票价昂贵，观众甚少而停业。

1920 年，东安市场内的丹桂园由罗明佑租下，改建为“真光影戏院”，是可容纳观众 700 余人的影院。当年，东安市场第二次大火，影院被毁。罗明佑重新筹资，于东安门大街路南，又建起一座仿欧建筑风格的“真光影戏院”（今儿童剧场现址）。1921 年 10 月建成。观众席增加到 939 个，是当年北京最大的新式影院。

1937 年以前，今王府井街区有电影院 6 座，为街区影院最繁盛时期。

计有：

平安电影公司（1907 年建，东单头条路北）。

北京电影园（1916 年建，北京饭店内）。

真光影戏院（1920 年 2 月建，东安门大街路南）。

开明电影院（1921 年 2 月建，东安市场内）。

基督教青年会堂（1927 年 2 月建，1930 年至 1935 年改为光陆有声电影院，1935 年迁至西总布胡同西口，今大华影院）。

飞仙电影院（1932 年 1 月建，1946 年改称建国东堂）。

1938 年至 1949 年，今王府井街区共有 3 所影院。分别是：

芮克电影院（1938 年 10 月建于米市大街青年会旧址，1947 年改名为北洋电影院，1949 年 1 月改为“红星电影院”）。

罗马电影院（1940 年 4 月，在东长安街平安影院旧址建成，1941 年被大火烧毁，1945 年恢复“平安影院”名称，后改为儿童电影院）。

欧林比亚国际剧场（建于 1942 年 12 月，后改为亚洲会馆、大都会剧场，1946 年 10 月改称美琪电影院，东单头条 17 号）。

进入 20 世纪 90 年代，今王府井街区的两座电影院，红星电影院、儿童电影院均因城市建设需要拆除。

儿童影院

著名的艺术团体

位于本街区的著名艺术团体有北京人民艺术剧院、中国青年艺术剧院、中国儿童艺术剧院、中国人民解放军空军政治部话剧团。

北京人民艺术剧院（简称北京人艺） 位于王府井大街东侧，是北京市的国家级专业话剧院，它也是一个集话剧、歌剧、舞蹈和管弦乐队为一身的综合性艺术团体。1950 年 1 月 1 日成立，院长李伯钊。1952 年 6 月 12 日，北京人民艺术剧院话剧团与中央戏剧学院话剧团合并，仍称北京人民艺术剧院，院长曹禺，总导演焦菊隐。

《茶馆》剧照

北京人民艺术剧院拥有一批献身话剧事业的老一辈表演艺术家和舞台美术家。导演有欧阳山尊、夏淳、梅阡、苏民等；

演员有舒绣文、叶子、田冲、刁光覃、于是之、朱琳、方琯德、胡宗温、蓝天野、郑榕、朱旭、林连昆、英若诚、吕齐、李婉芬等；舞台美术设计有辛纯、宋垠、韩希愈、王文冲等。20 世纪 80 年代以后，一大批优秀的中青年艺术人才也开始在舞台上显露才华。

20 世纪 50 年代，北京人艺曾以上演郭沫若、老舍、曹禺的剧作闻名于世。改革开放以来，该院又培养和引进了许多优秀作家，为剧院创作了 20 多部剧作，其中有不少已成为该院的保留剧目。

北京人民艺术剧院建院以来，共上演中外古今不同形式、不同风格的剧目 292 个，演出 11800 余场，观众达 1380 多万人次。代表性剧目有《虎符》《蔡文姬》《武则天》《龙须沟》《茶馆》《骆驼祥子》《女店员》《雷雨》《日出》《北京人》《王昭君》《名优之死》《关汉卿》《三块国币》等。外国剧目有《悭吝人》《伊索》《带枪的人》《智者千虑必有一失》等。1978 年以后的优秀剧目有：《丹心谱》《绝对信号》《小井胡同》《红白喜事》《狗儿爷涅槃》《天下第一楼》《李白》《阮玲玉》《鸟人》《北京大爷》《古玩》；外国剧目有《推销员之死》《洋麻将》《哗变》《上帝宠儿》《贵妇还乡》等。这些剧目，有不少荣获过中共中央宣传部“五个一工程”奖，中央文化部“文华”奖和“梅花”奖，以及北京市“新剧目”奖。

多年的艺术实践，北京人艺形成了自己鲜明而独特的艺术风格和演剧学派。

40 多年来，人艺的演出活动遍及 31 个省市、自治区和香港、台湾地区。从 1980 年起《茶馆》《天下第一楼》《狗儿爷涅槃》《推销员之死》等剧目先后应邀赴德国、法国、瑞士、日本、加拿大、新加坡、韩国等国家的20多个城市访问演出。西方评论家们把《茶馆》称为“东方舞台的奇迹”，是“世界艺术的精品”，称北京人艺是“中国最高一级的剧院”。北京人艺十分重视戏剧理论建设，近年来相继编辑出版《〈茶馆〉的舞台艺术》《论焦菊隐导演学派》《论北京人艺演剧学派》《北京人艺艺术家丛书》等专著20多部。

中国青年艺术剧院 位于东单北大街西侧，国家级剧院。前身是成立于1941年的“延安青年艺术剧院”，后与延安部队艺术学校合并为“联防军政治部宣传队”。抗日战争胜利后，成为“东北文艺工作团第二团”。1949年4月16日，在北京正式建立“中国青年艺术剧院”，首任院长廖承志。半个世纪以来，老一辈著名戏剧艺术家吴雪、金山、孙维世、张正宇、李之华、白凌、舒强、邓止怡、石羽等曾领导剧院工作，先后在剧院担任主要领导的还有毛金钢、陈颙、吕德康、石维坚、林克欢、王葆卓等人。

曾在东长安街设剧院的专用剧场。

建院以来，相继上演了近200出大型剧目和七八十出独幕剧等小型剧目。大多数都是反映现实生活的当代题材，如《抓壮丁》《反霸斗争》《在新事物面前》《西望长安》《洞箫横吹》《降龙伏虎》《李双双》《雷锋》《枫叶红了的时候》《权与法》《不知秋思在谁家》《双人浪漫曲》《魔方》《火神与秋女》《灵魂出窍》《大江人》《哈尼姑娘》《生为男人》《关东大集》《绿房子》《全是北京人》《花房姑娘》等。

“五四”新文化运动以来的优秀作品和不同时期的历史剧，

如《家》《红色风暴》《青春之歌》《一代风流》《捉刀人》等；《屈原》《上海屋檐下》《文成公主》《关汉卿》《天国春秋》《李秀成之死》《方珍珠》《全家福》《雷雨》《原野》《爱国者》《风雪夜归人》等都是该院的保留剧目。

《红色风暴》剧照

“青艺”十分重视与国际戏剧界的交流，广泛学习、借鉴、吸纳世界各国的优秀戏剧文化，把世界戏剧介绍到中国，把我国戏剧介绍给世界。曾演出过《保尔·柯察金》《钦差大臣》《尤利乌斯·伏契克》《万尼亚舅舅》《娜拉》《沙恭达罗》《阴谋与爱情》《中锋在黎明前死去》《费加罗的婚礼》《伽利略传》《威尼斯商人》《蒙塞拉》《樱桃时节》《高加索灰阑记》《天使来到巴比伦》《社会形象》《结婚》《晚安啦，妈妈》《几尔加美休》《tsou·伊底帕斯》《三毛铁歌剧》等苏联、俄罗斯、捷克、挪威、印度、日本、德国、阿根廷、法国、英国、瑞士、墨西哥、美国、希腊等 10 多个国家的 20 多出剧目。

剧院现有中国戏剧家协会会员 140 多位，有 300 多人次分别获得国家政府奖和国际奖。

中国儿童艺术剧院 位于东安门大街南侧，成立于 1956 年 6 月 1 日。历任院长为任虹、周来、方掬芬。全院职工 198 人。

从建院到 20 世纪 90 年代末，共演出剧目 120 余部，足迹遍布全国 24 个省、市、自治区及香港等地，并应邀到新加坡演出。有 18 部剧目获国家级奖励，60 余位艺术家获个人奖项 90 余次。

《马兰花》《小白兔》《巧媳妇》《革命的一家》《青年近卫军》《英雄少年刘文学》《以革命的名义》《岳云》《小雁齐飞》《宝船》《年轻的一代》《春光曲》《100 分不算满分》等一批优秀剧目成为该院保留剧目。《马兰花》作为建院剧目历次公演都引起小观众们的强烈反响。近 40 年来该剧演出千余场，观众超过 50 万人次，“三代观众耳熟能详”，移植到国外，受到外国少年儿童热烈欢迎。

1966 年至 1978 年，剧院被撤销。1978 年，恢复建制，创作并演出了一批优秀剧目。如 :《报童》《奇怪的 101》《寒号鸟的秘密》《十二个月》《喜哥》《闪烁吧，繁星》《快乐的汉斯》《我也是太阳》《我的童年在黑土地》《之伢子》《长城有个黑长子》《开天辟地人之初》《皇帝的新装》《认识你真好》《青鸟》等。

《报童》剧照

“中国儿艺”有相当一批艺术上有成就的优秀演员，如：方掬芬、覃琨、李若君、连德枝、史美明、王铁成、郈冲飞、赵有亮、王羊、王丽华、李珊珊、薛白等；编剧有：柯岩、罗英、欧阳逸冰等；导演有：朱漪、周来、陈颙、白珊、李丁、尚鸿佑、董骥良等。

“中国儿艺”经过多年艺术实践，形成了自己的艺术风格。为成年人塑造儿童形象的表演艺术做出了卓越贡献。

中国人民解放军空军政治部话剧团　位于灯市口同福夹道。1950 年 3 月 18 日组建，称空政文工团话剧队。1970 年 11 月，空政文工团撤销，成立空军政治部话剧团。

该团在全国、全军有影响的话剧有：《年轻的鹰》《女飞行员》《渔人之家》《以革命的名义》《霓虹灯下的哨兵》《年轻的一代》《陈毅出山》《九一三事件》《这里通向云端》《火热的心》《凯旋在子夜》《远的云近的云》《特殊军营》《甘巴拉》《大漠魂》等。其中，《陈毅出山》在庆祝中华人民共和国成立 30 周年献礼文艺演出中获创作一等奖、演出一等奖。该团于 1981 年投入电视剧的生产，是全军文艺团体中从事电视剧艺术创作最早的单位，先后创作并拍摄了《紧急起飞》《强行起飞》《无梯歌侣》《我们当过兵》《特殊军营》《不该出示的黄牌》《追日部族》等数十部

《陈毅出山》剧照

电视剧。剧团的电视剧创作曾三次荣获全国电视剧“飞天奖”，两次获全国专题片电视剧奖。

星罗棋布的新闻、出版、发行单位

印铸局 清宣统三年（1911 年）创办，为清政府官办，地址在纱帽胡同与梯子胡同之间（今经济日报社所在地）。该局的主要任务之一是印制邸报（即宫门钞）。6 月筹建，10 月投入运营。该局设有文牍、庶务、发行等科室，并建有印刷、铸字、排版、装订、机房等车间。该局每日从内阁领取各项谕旨、京内外大员奏折，以及官吏的升迁、调转、请假、销假等应发表的诸种文件，汇编成《宫门钞》，分发给宣武门外琉璃厂南铁老鹳庙巷内的巨兴、巨恒、巨升、信义、合成、集文六家报房，由他们雇用报夫将邸报送往各衙门、大员府第、大商号、钱铺等。1912 年，民国成立，袁世凯任大总统时，改为政治官报局。军阀混战时期，政局不稳，印铸局局长屡经更换，1924 年，一度停发职工工资，引起职工抗议并罢工。1927 年，印铸局撤销，全部设备由华北日报社接管，除发行《华北日报》外，兼营印刷业。北平沦陷时期，华北日报社南迁，日伪当局在原址办起武德报社。抗日战争胜利后，华北日报社迁回北平。1949 年，北平和平解放。人民日报社在此建立。1983 年，人民日报社迁往朝阳区后，国务院在此处创办了经济日报社。

按时序，还曾有以下报刊创办于今王府井街区。

《北京公报》 光绪二十六年（1900 年）十月，日本人所办，社址在甘雨胡同。因北京报房拒绝为其推销，订户不多，不久即停刊。

《顺天时报》 光绪二十七年（1901 年）十月，日本人中岛真雄创办。社址在甘雨胡同。1903 年由日本公使馆接办，1930 年 3 月 26 日停刊。共出版 9284 期。

《华北日报》 1929 年 1 月，国民党中央在北平创办的机关报，社址在王府井大街。设有党义、党务、新闻、外交、经济、教育、文艺等栏目。副刊有《科学周刊》《现代国际周刊》《华北副刊》等。1930 年几度停刊。抗日战争期间,曾与西安的《西京日报》合并。1945 年 8 月 26 日,在北京复刊。1949 年 2 月停刊，共出版 3901 期。

《人民日报》 1949 年 8 月创办。1983 年，迁往朝阳区。

《经济日报》 1983 年 1 月 1 日，由国务院创办。

《中国妇女报》 1984 年 10 月 3 日，全国妇女联合会创办，社址在灯市口大街。

《服装时报》 1994 年 7 月 1 日创办，社址在王府井大街。

杂志社有：

群言杂志社 1985 年由中国民主同盟中央创办，社址在东厂胡同北巷。

中国经济信息杂志社 1985 年由经济日报社办。

世界妇女博览杂志社 1993 年由全国妇联主办。社址在灯市口大街。

今王府井街区历史上曾存在过的出版社有：1937 年 8 月，日本人在王府井大街开设的华北文化书局。1945 年，国民政府在王府井大街南口开办正中书局和独立出版社。

商务印书馆 位于王府井大街东侧。光绪二十三年(1897 年)创办于上海。集资人是夏瑞芳、鲍咸恩等。建馆初期以出版中小学教科书、翻译外国学术著作和文学作品以及编纂中外文词典工具书为主。光绪二十六年（ 1900 年)，收购了日本人经营的修文印刷局,最先在国内采用纸型印刷技术。光绪三十二年(1906 年)，商务印书馆承印了大清户部银行的第一版纸币。20 世纪三四十年代，是商务印书馆发展的高峰期。在张元济、王云五等人主持下,商务印书馆陆续在海内外设置了 40 多个分支机构。有出版社、杂志社、印刷厂、印刷机械器材厂，还有幼儿园、小学、师范学校、商业学校、函授学校等。台湾、香港、新加坡和马来西亚都建有商务印书馆分、支馆。拥有当时东亚藏书最多的东方图书馆、国光制片公司和中国商务广告公司等，形成一个庞大的文化教育综合体。职工人数曾达 4200 人。1932 年,上海总馆遭日军飞机轰炸，大部被炸毁。抗日战争时期,总管理处迁往重庆,1946 年迁返上海。从建馆到 1949 年，出版物达 2 万多种，遍及社会科学、自然科学、应用技术、文学艺术、儿童读物、教科书、中外语文词书和工具书等各个门类，在继承传统文化和介绍新知识方面，有重要贡献。有影响的工具书有《辞源》《综合英汉大辞典》《中国人名

商务印书馆

大辞典》《中国古今地名大辞典》以及动物、植物、矿物、医药、教育等大辞典。整理出版的古籍有《续古逸丛书》《四部丛刊》《百衲本二十四史》《四库全书珍本初集》等10种大型丛书，其中，《四部丛刊》初编8573卷，续编1438卷，三编1910卷，1930年至1936年出齐。编印的大型丛书《万有文库》收书达2020种。著名的杂志有《东方杂志》《小说月报》等。重要译著有达尔文著、严复译的《天演论》、林纾译的《黑奴吁天录》、牛顿的《自然哲学的数学原理》等，以及“汉译世界名著丛书”200多种。并曾系统编印中小学教科书，20世纪20年代商务版教科书占全国教科书发行量的70%。

1954年，总馆迁至北京后，主要翻译出版外国哲学、政治、经济、地理方面各个流派的著作，编纂汉语和各种外语词典、工具书，此外还出版教材、研究著作和普及读物。重要出版物有：马克思主义三个来源的古典学术著作和当代定评的外国学术著作

1300多种，其中，世界名著400余种。1972年，总馆迁至王府井大街。1982年开始汇编出版《汉译世界学术名著丛书》，到1998年已出7辑，共300种。共出版各种语文词典200余种，其中，影响最大的有《辞源》（修订本）、《现代汉语词典》《新华字典》《英华大词典》《汉英词典》《俄汉大词典》《大俄汉词典》《现代日汉大词典》《新汉日词典》《新汉德词典》《意汉词典》，以及阿拉伯、印尼、朝鲜、拉丁、波斯等20多个语种的“汉外”“外汉”词典。并与英国、美国、日本、法国等20多个国家和地区的出版社建立了合作出版关系。商务印书馆于1986年在琉璃厂、珠市口开设门市部，1987年，在上海设办事处，1993年，京、港、台、新、马五地商务印书馆合资建立了商务印书馆国际有限公司。

中华书局 中国主要的学术著作和古籍出版社。1912年创办于上海，创办人陆费逵（伯鸿）。建局之初，以编辑出版教科书为主，陆续出版《中华大字典》《辞海》《四部备要》《古今图书集成》等重要书籍。中华版教科书在推行现代新式教育的过程中起过积极的作用。1912年至1949年，共出书5800余种，包括社会科学、自然科学、文学艺术、文史古籍、少儿读物等各个门类。中华书局曾在全国各地设立50多个分、支局，业务遍及全国，还相继设立了新加坡分局、香港分局和台湾分局。1954年公私合营，总部迁至北京，1972年移至王府井大街。中华书局设文学、语言文字、古代史、近代史、哲学、综合和《文史知识》杂志7个编辑室及出版部等9个部门。1998年，中华书局迁至丰台区太平桥西里，在王府井大街设读者服务部。

1958 年，国务院古籍整理出版规划小组成立，中华书局为小组的办事机构，成为整理出版中国古代和近代文学、历史、哲学、语言文字等经典文献和相关学术著作，通俗普及读物的专业出版社。中华书局整理和影印出版了一大批重要文史典籍。有近百名史学工作者参加，历时 20 年完成点校和出版的《二十四史》及《清史稿》整理排印本，被称为新中国建立后最大的古籍整理工程。中华书局出版的其他重要古籍有《资治通鉴》《全上古三代秦汉三国六朝史》《先秦汉魏晋南北朝诗》《全唐文》《全唐诗》《全宋词》《金元散曲》《文苑英华》《古本小说丛刊》《续资治通鉴》《大唐西域记》《历代史料笔记丛刊》《册府元龟》《古逸丛书三编》《十三经注疏》《新编诸子集成》《中国佛教典籍选刊》《中国道教选刊》《中华大藏经》等。

中华书局还出版了一批重要的出土文献及文书档案的整理著作。如由郭沫若、胡厚宣总编的《甲骨文合集》、中国社会科学院考古所编纂的《殷周金文集成》，以及《敦煌汉简》《居延汉简》《英国所藏甲骨集》《甲骨文编》《金文编》等。出版的文书档案有《康熙起居注》《雍正朝起居注》《乾隆朝惩办贪污档案选编》《光绪朝朱批奏折》等。在近代史方面出版了《孙中山全集》《中华民国史》《中国近代史》，以及大批近代史料，近代人物文集丛书。中华书局出版了国内外许多著名学者的学术著作，如钱锺书的《管锥编》《谈艺录》，王力的《古代汉语》《龙虫并雕斋文集》，以及《顾颉刚古史论文集》《陈垣学术论文集》等。此外还编辑出版不定期学术刊物《文史》和知识性月刊《文史知识》。

建局以来共出版图书 13000 余种，获奖图书 100 余种。

除以上两家出版机构外，还有：

铁道部于 1951 年 3 月在东单三条创立的中国铁道出版社；

中国民主同盟中央在东厂胡同北巷创办的群言出版社；

中国国民党革命委员会中央于 1987 年 12 月在东黄城根南街创办的团结出版社。

今王府井街区也是清末至现代，全市书肆、书店的集中地之一。自光绪二十九年（1903 年）东安市场建场以来，场内书摊、书店逐渐增多，特别是 1920 年大火后重建，随着市场规模扩大，书店骤增。据时人回忆，自 1920 年至 1949 年，几经盈缩，至北平解放前夕，东安市场内书摊、书店已达 50 多家。这些书摊、书店多集中于市场西侧的几家商场及西街、南花园、二道街。丹桂商场的书摊、店经营的书籍以新版洋装书为主，旧版线装书次之。主要有五洲书局（以经营古书为主）、佩文斋、怡昌商行、同文书店、中原书店、春明书店、志同文具店、聚丰书店、松雅书店及赵韶武、岐山、竟文、大明、宋恒泰、苏墨林等书摊。桂铭商场有新智书局、华英书局、五洲会记书局，还有苏汉章、石玉山、牛云程、敬文、张栋臣、杨明轩、大风、经艺、李东洲、刘殿斌等书摊。中华商场（原中华舞台改建）有建国书店、中原书店，书摊有张辅臣、韩静波、孙琴堂、宋静东等家。一道街有刘敬轩、张瑞、刘子证等书摊；西街有王中和、王文达、春明、李恒林、刘鸣珂、李恒连、郑芝瑞等书摊；南花园有文美书社、傅春溥、章熙庭、李子才、荣继贤等书摊；南门有马德增书摊。

东安市场内这些书摊、书店中影响较大的是中原书店（经营英文书刊）、春明书店（经营日文书籍）和五洲书局三家。

王府井新华书店 新华书店1937年4月24日创立于延安。1939年9月、1948年12月，毛泽东两次题写“新华书店”店名。解放战争时期，新华书店作为人民解放军的随军书店，先后进入全国各地城乡，开设新华书店门市部。北平和平解放后，东北、华北新华书店组成小分队，接收原中正书局、独立出版社及所属印刷厂。1949年2月10日，建立新华书店王府井门市部，营业面积400平方米。同年5月10日，新华书店北平分店成立。随后，在王府井大街开设了综合、科技、民族书籍、早晚服务、图片画册、少儿读物、音乐、体育图片、旧书等门市部，由王府井新华书店管理。1950年6月，王府井门市部营业面积扩大到3300平方米。1969年6月，王府井新华书店新楼建成，总面积6242平方米，共4层，一、

王府井书店

二、三层为营业大厅。1970 年 4 月 22 日开始营业，改建后名称为王府井新华书店中心门市部。1984 年，改为北京市新华书店王府井书店。1994 年 11 月，因东方广场建设，王府井新华书店大楼被拆除。现已在王府井南口重建，重建后，建筑面积达 1.7 万平方米。

新华书店的重要任务是发行好中国共产党和国家的重要文献以及领导人的著作。毛泽东、刘少奇、周恩来、朱德、邓小平、陈云等老一辈无产阶级革命家的著作，大都在王府井新华书店举行首发式。《孙中山选集》《列宁全集》《马克思恩格斯全集》中译本出版，也在王府井新华书店举行首发式。1957 年 11 月，在劳动人民文化宫举办第一届书市，展览出中外图书 2 万多

王府井新华书店（20世纪50年代）

种。1976年以后，为配合学习文化的热潮，书店立即开始征订教材和文化知识类图书，同时，开始征订发行35种中外古典文学名著及《史记》《二十四史》等。为配合电视教学，发行电视教材1200余万册。以后，相继发行《汉译世界学术名著丛书》第一辑50种、15万册。1980年发行《中国大百科全书》首卷。1981年，发行16卷本《鲁迅全集》。1982年，发行《彭德怀自述》《辞海》。1983年，纪念马克思逝世一百周年，展销有关马克思图书299种，其中，98种是专门为这次纪念活动出版的新书。在全国第一届科技书市上，展销各类科技图书16400种。

北京市外文书店总店 位于王府井大街西侧。1958年5月1日成立，前身是国际书店北京分店。是我国最大经销国内、外正式出版的外文书刊、音像制品、外语教材和工具书的文化企业。下设北京图书进出口公司、北京外文音像出版社、首都音像发行所及王府井外文图书大楼、音像书店、外文工具书店、体育书店、西单外文书店、海淀外文书店，在大型图书城还专门设有外文书店、音像带

外文书店

专卖部、外宾服务部等。1994 年，成立北京王府井外文书店股份有限公司，主要经营场地总建筑面积 1.8 万平方米。建店以来，该店与世界各国数万家书商、出版社建立了业务往来，与北京的大专院校、科研院所、部队和工矿企业建立了密切关系，及时向国内读者提供急需的图书资料。为外国人了解中国、学习汉语提供资料和教材，是外文书店的一项重要任务。外文书店在荷兰开办了黄河文化贸易公司，先后参加过美国、德国、意大利、荷兰、韩国、泰国及中国香港地区的图书、音像资料制品的展销活动。

今王府井街区是北京的一个繁华的商业街区，也是一条高品位的文化街区。除前述书店外，还有：

民族书店、北京音像书店、新华书店少年儿童读物门市部、考古书店、北京风入松文源书店、爱知书屋。

最后，还应提到近代传媒之一的无线广播电台。北京无线广播电台 1927 年创办。从那时起到 1948 年北平解放前夕，先后创办过各种类型的广播电台 17 座，其中，官办的 2 座、私营台 15 座。1948 年底，北平有 4 座广播电台，其中 3 座在今王府井街区,它们是“军友”（原称国华）在帅府园,“民生”在王府井大街，椿树胡同（现称柏树胡同）设有“华声”广播电台。应该说今王府井街区在历史上曾是广播电台的密集区。

商海览胜

商业铸造了王府井街区的繁华，

商业奠定了王府井街区的地位。

《商海览胜》通过“望如星衢的灯市”“闻名遐迩的王府井商业街”“各具特色的名店”“历史嬗变的金融机构”的展示，置身摩肩接踵的金街，遥想宝马雕车的灯市。

望如星衢的灯市

灯市口因明代设有灯市而得名。

今灯市口大街在明代为北京内城繁盛之地。《日下旧闻考》载："灯市在东华门王府街东、崇文街西，亘二里许，南北两廛（chán市房），凡珠玉宝器以逮日用微物，无不具悉。衢中列市棋置，数行相对，俱高楼。楼设氍毹（qú shū）帘幕，为宴饮地。一楼每日赁直至有数百缗者。夜则燃灯于上，望如星衢。市自正月初八日起，至十八日始罢。鬻灯在市西南，有冰灯，细剪百彩，浇

灯市口大街

灯市口大街西端夜景

水成之。”

在中国，夏历一般指阴历。阴历每个月的长短依据天象而定，平均值大致等于朔望月，大月 30 天，小月 29 天。每月的初一日为朔日，十五日为望日；每年的第一个月称正月。正月十五日为上元节，七月十五日为中元节，十月十五日为下元节。

上元节赏灯是中华民族的古老习俗。《开元天宝遗事》一书就曾记载，在唐明皇（玄宗）时期，“韩国夫人置百枝树灯，高八十尺，竖之高山，上元夜点之，百里皆见，光明夺月色也”。宋朝诗人范成大也有“酒垆先迭鼓，灯市早投琼”描写上元节灯市的诗句。

据史料记载，唐景云二年（711 年），有一胡人（中国古代对北方和西方民族的泛称）名叫婆陀，他向皇帝奏请在正月十五点燃 1000 盏灯。唐睿宗李旦准奏，并驾临安福门观灯。此为有准确文字记载的上元节赏灯之始。开元年间，唐玄宗李隆基颁诏，上元节观灯为三日，即：正月十四日、十五日、十六日。宋乾德五年（967 年），宋太祖赵匡胤颁诏，“朝廷无事，年谷屡登，上元可增十七、十八两夜”，上元节观灯改为五日。南宋淳祐三年（1243 年），宋理宗赵昀又将正月十三日纳入上元节观灯期内，上元节观灯增为六日。上元节观灯十日，为明太祖朱元璋所创，在南京“盛为彩楼，招徕天下富商，放灯十日”。用现在时髦的话说，就是“灯市搭台，经济唱戏”。明代北京城里的灯市则从夏历正月初八开始，正月十三进入高潮，正月十八结束，历时十天。

永乐七年（1409 年），明成祖朱棣下令，上元节赐百官假十日。有普天同庆、与民同乐之意。但是，在等级森严的封建社会里，不同身份的人在赏灯时的心情是不尽相同的。特引诗两首以为佐证：

其一，王孙约队簇金貂，玉勒青骢倚陌骄；文贝珊瑚看不尽，东华门外市三条。

其二，东掖门东灯市开，千官万姓拥尘灰；悔不多钱买身贵，鞍笼喝道下驴来。

然而，上元节期间赏灯既是习俗又是时尚，且灯市是当年京城赏灯的最佳去处。所以，才可能有“千官万姓拥尘灰”的壮观场面。因为，无论是一掷千金的达官贵胄，还是携老絜雏的平民百姓都能在赏灯中自寻其乐，而且，民间把上元节逛街赏灯称之为“走百病”，认为可以祛病健身。“逐队人过灯市来，喧喧街鼓动成雷；若关丰俭应如此，一岁何妨月一回？”便是对当年灯市景象的描绘和对赏灯人心境的写照。

明代，今灯市口大街南北两侧是鳞次栉比、错落有致的商业用房，茶馆、酒楼夹杂其中。每逢上元节放灯期间，沿街店铺遍悬彩灯，从质地上分，有纸灯、纱灯、麦秆灯、玻璃灯等，从形状上分，有串灯、天地灯、走马灯，还有百花灯、鸟兽灯、鱼虫

《清·北京灯市图》

灯等。

街两侧有戏园子的专场演出，也有艺人街头献艺。演出有戏剧、杂耍、曲艺等项目。戏剧包括全本戏、折子戏，杂耍包括钻筒、蹬坛子、蹬梯子、翻跟头，曲艺包括唱曲、落子、打碟子。除此之外，还有一队一队的儿童彩衣队表演太平鼓和“跳白索”的。所谓“跳白索”类似今天的跳绳，两个小男孩抡白色绳子，像一个白色光环，一个小男孩在光环中上下跳跃。

白天，游人来往于各种各样的彩灯之间，或购物，或欣赏歌舞杂耍，其乐融融。夜幕降临，各种各样的彩灯一起点燃，流光溢彩，蔚为壮观。街头搭有一丈多高的架子施放烟火，烟火的种类有寿带、葡萄架、珍珠帘、长明塔等；茶馆、酒楼丝竹之声不绝于耳，宛如人间仙境。诚如诗中所言“朱楼一带郁嵯峨，阵阵香风衬绮罗；龙烛薰空喧不夜，天街到处月明多”。

旧时锡灯、蜡台作坊

《天咫偶闻》有一段对当年灯市观灯的描写颇为传神：“每初月乍升，街尘不起，士女云集，童稚欢呼。店肆铙鼓之声，如雷如霆。好事者燃水浇莲、一丈菊各火花于路，观者如云，九轨之衢，竟夕不能举步。香车宝马，参错其间。愈无出路，而愈进不已。”

在今灯市口大街西口的南面为灯具交易市场，是名副其实的灯市，相当于现在的灯具总汇。在市场的入口处有大型精雕彩灯，上元节期间用浇水的方法将彩灯制成冰灯作为灯市的标识。灯市所售之灯除去观赏灯、装饰灯，大量的应该是实用灯；灯市的交易自然应该也不限于上元节期间。至今尚存的锡拉胡同便因胡同

东四牌楼（旧照）

内有锡灯、蜡台的作坊而得名。

灯市带动商势。当年，今灯市口大街是北京内城的商贾云集之地，货物集散之所。货物齐全、购销两旺，“凡珠玉宝器以逮日用微物，无不具悉。”《日下旧闻考》载：“市之日，省直之商旅，夷蛮闽貊之珍异，三朝八代之骨董，五等四民之服用，皆集。”依清初定制，八旗居址禁设商业网点。康熙年间，灯市移至外城厂甸一带，今灯市口大街的商业亦随之势微。从现在的灯市口周边的大鹁鸽胡同（大鹁鸽市）、小鹁鸽胡同（小鹁鸽市）、金鱼胡同和已改为灯

旧时王府井大街的杠房

市口北巷的油房胡同等地名中，还可以想象当年商势之盛况。

清中期以后，禁例渐疏。灯市口的灯市也曾一度恢复，甚至红火过，但地点改在今灯市口大街东口至东四牌楼以北的南北大街上。《燕都丛考》载："每上元五夕，西马市之东，东四牌楼下，有灯棚数架。又各店肆高悬五色灯球，如珠琲、如霞标，或间以各色纱灯。由灯市以东至东四牌楼以北，相衔不断……亦不亚明代灯市也。"然而，灯市口的灯市终究成为历史的记忆。

闻名遐迩的王府井商业街

今王府井大街的格局，奠定于元初建城之时，七百多年来大体无改。

明永乐年间，今王府井大街倚临近灯市之利商业渐兴，后逐步发展。姜纬堂在《七百年来王府井》一文中写道："会同北馆处之乌蛮市，当为今王府井大街历史上最早的外贸商业。" 清顺治元年（1644 年），世祖颁诏，规定兵民分城居住，八旗居住内城，汉民等居住外城。今王府井大街除报房胡同迤北属正白旗满洲外，皆为镶白旗满洲之居址。依清初定制，八旗居址禁设商业网点。然而，积久生变，清中期以后禁例渐疏，沿东安门大街一带商肆渐增。此既与地处出入皇城孔道、人流较多有关，更与内府采购之需相适应。至晚清，东安门大街与丁字街已成具规模的

旧时王府井大街的木厂

小商业街。不仅浮摊、定店均有，而且出现了一些名字号。菜厂胡同路南的皮赞公药铺制售的“灵宝如意丹”名噪一时。有诗为证：“青囊为记禁城东，各省知名皮赞公；惟盼恩科乡会试，多年陈货一时空。”东安门大街路北的“和兴号”酒馆名震九城。“小卖点心，佐酒小吃，无一不佳，酒是自造，尤有盛名。”光绪五年（1879 年），寿丰堂饭庄在菜厂胡同东口开业，被誉为内城第一饭庄。至光绪二十八年（1902 年），有福寿堂饭庄（金鱼胡同）、源丰堂饭庄（西堂子胡同）、东兴楼饭庄（东安门大街）相继开业。光绪二十九年（1903 年），清政府整修东安门大街，将王府大街东侧八旗兵神机营练兵场开放，让东安门一带的摊贩迁入，开设东安市场，出售京广百货、日用杂品、古旧

旧时王府井大街的中原公司

书籍、风味小吃，成为当时北京内城最有名的小商品市场。宣统元年（1909 年），《京华百二竹枝词》中有“新开各处市场宽，买物随心不费难。若论京华首一指，请君内城赴东安”。

金鱼胡同（旧照）

20 世纪二三十年代，随着王府井声誉日高，对投资者吸引力越来越大，许多商人斥巨资在这里建楼房、开商店。许多大店、名店是在这个时期开业的。如中原百货公司、利生体育用品商店、玉华台饭庄、森隆饭庄、美白理发馆于 20 世纪 20 年代开业；同陞和鞋店、亨得利表店、大明眼镜店、盛锡福帽店于 20 世纪 30 年代开业。外商开设的力古洋行绸缎庄、美孚汽油行、慎昌洋行、福隆洋行、利威洋行等 19 家商店，也多在这一时期开业。随着王府井商业的迅速崛起，原集中在西交民巷的一些大银行，如中国工农银行、金城银行、大陆银行、中国银行、大泉银号、中国实业银行、交通银行等大多于 20 世纪 30 年代在王府井开设办事处。

王府井的商业以“新”“高”“全”的特点独树一帜，扬名京城。“新”，即新兴行业、新兴产品多。如西服庄、车业（汽车和自行车）、新药业、照相业以及钟表业、体育用品业、球社业等代表新的消费时尚。同时，新的经营思想、经营组织、经营作风、店堂设施，

东安市场（20世纪80年代）

与传统商业也有很大不同。“高”，即商品档次高。王府井大街名店多，经营的商品大多为进口货、名牌国货、贵重商品。如中原百货公司“举凡法国的化妆品、英国的呢绒毛毯、瑞士钟表、瑞典的搪瓷器皿、德国的电器用品、俄国的花标布匹、捷克的皮鞋、美国的罐头食品和儿童玩具等各国名牌、优良产品尽量齐备”。东安市场的华兴蔚绸布店，店小名气大。主要经营高档绸缎，从宁绸库缎、杭罗杭纺到时兴的湖绉、锦缎、印度绸、印度缎、乔其绒、乔其纱以及礼服呢、毛哔叽，应有尽有。“全”，即行业齐全，档次不同的各种商品齐全。王府井餐饮业不仅户数多，而且名店多。著名的有东兴楼、玉华台、五芳斋、森隆、东来顺、小小酒家等。王府井的文化娱乐业也十分发达。不仅有著名的吉祥戏院，还有一些茶楼、茶社、书茶馆、落子馆、清唱票房等。球社开业最早的是会贤球社，楼上楼下有 40 多间房，设有台球、地球、乒乓球等。30 年代，开业的球社有 10 多家。除此之外，还有说相声、练武术、变戏法、拉洋片、摔跤、拳击及驯狗熊、弄猢狲、算卦的。

北京市百货大楼（20世纪80年代）

中华人民共和国成立后，经过一系列的调整、充实、改造、提高，王府井终于成为首都北京第一商业街区。1955年，在王府井大街西侧新建北京市百货大楼，以商品种类齐全、优质名牌荟萃、富有经营特色而闻名遐迩。同时，布设一系列专营商店。中国照相馆、浦五房肉食店、四联理发馆、雷蒙西服店、普兰德洗染店等一批名店由上海迁京，在王府井落户。这些举措，既加强王府井原有的经营特色，又兼顾大众化的需求。东西长安街的贯通，北京火车站的建成，几路公共汽车穿街而过，引来大量客流。1958年，王府井地区共有国营、公私合营和集体商业服务业网点210个（不

品尝

购物

包括东安市场）。

20世纪六七十年代，王府井地区的商业、服务业大店、名店多，行业齐全，商品丰富，成为国内外知名的商业中心。如同上海的南京路、天津的劝业场、南京的新街口，成为城市的形象。

改革开放后，随着社会主义市场经济体制的建立，竞争日趋激烈，王府井商业地位和作用受到挑战。在市政府的统一规划和协调下，对王府井地区有计划地进行大规模建设和改造。首先改变店小、散乱的格局，建成一幢幢商业大楼。1983年，东华服装公司、红光照相器材公司和大明眼镜公司营业大楼竣工。1987年，外文书店和工商银行营业楼落成。1989年，穆斯林大厦交付使用。90年代初，又新建或改建利生体育用品商店、华侨大厦、国际皇冠假日艺苑大楼、天伦王朝饭店、王府井大饭店等。1992年，成立王府井地区建设管理办公室，统一协调王府井地区商业和市政设施的规划、建设、管理和招商引资工作。

王府井大街周边地区也在发展，逐步形成一个“十”字形的王府井商业中心区。从王府井大街南口至灯市西口，再往北延伸至王府井大街北口，从东安门大街至金鱼胡同东口，穿过大甜水井胡同与华龙街连成一片。1995年，王府井地区共有各类经营门店130多家，其中，百货服装店54家，钟表眼镜店5家，药店8家，银行、储蓄所6家，工艺美术商店4家，珠宝首饰店4家，文化用品、音像、书店8家，文化娱乐场所4家，餐馆、饭庄20余家，副食店10家，浴池、照相、理发、洗染等服务业网点11家。另外，有宾馆、饭店13家，文化艺术单位近10家。

王府井啤酒节

1996年，世都百货开业。1997年，绿都百货建成。1998年6月，开始对王府井大街地下市政设施进行全面改造，新铺设了水、电、气、热等7类11条管线，当年12月竣工。同年，新东安市场和工艺美术服务部重张开业。1999年7月，王府井大街路面改造完毕。同年，建筑面积为80余万平方米的东方广场落成，妇女儿童用品商店、同陞和鞋店、亨得利钟表店、蓝天服装店等联建

游人逛王府井大街

成4.1万平方米的商厦，装修改造后的北京百货大楼重张开业。

1999年9月11日，改造后的王府井大街举行开街仪式，同时举行王府井大街与法国巴黎香榭丽舍大街结为友好大街的签字仪式。以此为标志，具有悠久历史的王府井大街发生了根本性的变化，呈现出现代化商业街的风貌。

2000年，途经王府井大街南段的公共电、汽车改道从大街东侧的校尉胡同行驶，王府井大街从金鱼胡同西口至东长安街810米的路段成为步行街。

各具特色的名店

自清光绪二十九年（1903年）东安市场开业后，随着王府井大街的商势增大，许多名店纷至沓来。中华人民共和国成立后，北京作为首都，王府井大街随着首都城市建设的发展和首都城市功能的需要获得了得天独厚的发展优势。尤其是改革开放后，王府井大街更进入了一个蓬勃发展时期，像穆斯林大厦、东方广场等大型综合商厦拔地而起，诸如瑞蚨祥绸布店、吴裕泰茶庄等老字号到此落户。仅选 31 家名店简介如下，以见一斑。

东安市场 位于王府井大街东侧。原为清八旗兵神机营练兵场，占地 2.5 万平方米。清光绪二十九年（1903 年），辟为市场。最初商贩摆地摊、搭布棚。商摊又分为："小摊"，主要是卖吃的，如馅饼、烙饼、凉粉、切糕、油饼、米粥以及北京特有的灌肠、豆汁儿等；"京庄杂货摊"，卖些梳子、篦子、腿带、旱烟杆和胭脂花粉一类的东西；"耍货摊"，卖些泥人泥兽、布娃娃、刀枪把子、木制小桌椅、小孩玩具；"料货摊"，卖些耳环、戒指和小孩玩的玻璃弹子、万花筒等；"挂货摊"，以卖估衣为主，还卖些马鞭子、红缨凉壳帽、穗帽等。随着市场的发展，逐渐建起铺面房，形成街巷纵横、行业齐全的市场。1912 年和 1920 年两次大火，殃及全场，灾后重建。

东安市场（旧照）

20 世纪 30 年代初，整个市场分成 16 个经营区，即畅观楼、青霖阁、中华、丹桂、桂铭、霖记、东庆楼等7个小商场和吉祥大院、正街、头道巷、二道巷、三道巷、西街、东街、杂技场、南花园等9条街巷。据1933年12月统计，东安市场共有商贩925户，其中，店铺267户，摊商658户。较有名的正街有东升玉百货店、华兴蔚绸布店、文信成服装店、美华利鞋店、正大袜厂、亚美丽首饰店、三丰皮箱店、豫康东纸烟杂货铺、稻香春南味店、中兴百货店、美香村食品店、森春阳食品店、妙香室鞋店、振亚西药店、盛兴百货店；东街有五芳斋饭庄、润明楼饭庄；北门有东来顺饭庄、吉祥戏院、会文馆；西门有西鹤年堂中药铺、佳美丽鞋店、志诚金店；头道街有丰盛公奶酪铺、春华斋蜜饯食品店；二道街有大鸿楼饭馆；三道街有小小酒楼；青莲阁有公兴顺果局、德昌荣茶楼（清唱票房）；畅观楼有庆林春茶庄、文华阁南纸店、孟祥年镶牙馆；丹桂商场有珐琅厂、文具店；桂铭商场有庆兴斋古玩店，春明、新志、华美、五洲等书店；南花园有国强食品店、怡生照相馆、会贤球社、大彰球社、杂技场以及小吃店等。

东安市场内景（旧照）

东安市场的书

店书摊颇多。丹桂商场有五洲书局、佩文斋、和同文、中原、春明、聚丰、松雅书店，桂明商场有新智、华英书局、五洲会计书局，中华商场有建国、中原书店，南花园有文美书社。此外，丹桂商场、桂明商场、一道街、南花园和南门还设有众多书摊。南门有马德增等书摊。这些书店、书摊的经营又分古书、新书、外文书刊和旧书，范围庞杂。

经营的食品繁多，春、秋有宫廷食品茯苓夹饼、栗子面小窝头等，夏有酸梅汤、莲蓬、果藕等，冬有品种多样的冰糖葫芦，还有被人们誉为“饥者甘食、渴者甘饮、内以养寿、外以养神”的奶酪。有几家不同风味的饭馆，其中，有以涮羊肉闻名的东来顺，有以蟹黄烧制的江苏名菜为特色的五芳斋，有以经营海味、山珍、蚝油和烧烤卤菜等广东风味的小小酒家。还有西餐、西点和咖啡馆，其中，以吉士林西餐咖啡馆最为有名。东安市场经营的北京小吃有老北京人喜爱的豆汁儿、爆肚、豆腐脑等，还有大众化的饭铺和饭摊，供应饺子、馅饼、斤饼、斤面、馒头、贴饼子、稀粥和价格低廉的炒菜。

戏园杂技场曾盛极一时。许多著名演员都曾在吉祥戏院演出。杂技场占地 1000 平方米，有说评书、唱大鼓、说相声、练武术、变戏法、拉洋片等。

经营古玩和北京特种工艺品的店、摊曾发展到百家以上，经营品种广博，如金漆镶嵌、挑补刺绣、牙雕石刻、景泰蓝、内画壶、绒鸟、料兽、蜡果、绢花等。中兴、宏兴珐琅商行经营珐琅制品，佩珍厚、庆心斋、珍古斋等经营古玩玉器、珠宝翠钻，亚美利首饰店制作领针、项链、发卡、耳环、戒指、手镯等饰物，祥瑞绒花铺的绢花，品种繁多，“面人郎”捏得栩栩如生的面人和“葡萄常”制作的玻璃葡萄工艺品，生机盎然。东安市场的玩具，有脸谱、木偶、风筝、陀螺、鬃人、走马灯、空竹等。

1956 年 1 月，东安市场公私合营，当年进行翻建，成为北京四大商场之一。当时，经营的商品大类有食品、百货、工艺品、服装、鞋帽、皮货、纺织品、针织品、皮箱皮件、儿童玩具、五金、交电、文化用品、钟表、眼镜、乐器、国药、新药、新书、旧书、饮食、修理、信托、刻字、画像、镶牙等 26 类。“文化大革命”期间，曾改名为东风市场。1968 年 4 月，进行翻建。1969 年 7 月 1 日，重张开业，营业面积 1.13 万平方米。1988 年，恢复东安市场原称。1993 年，北京东安集团公司与香港新鸿基地产有限公司合资，在东安市场原址新建东安市场大厦。1998 年，新建的东安市场大厦落成，占地面积 2.1 万平方米，建筑面积 22 万

新东安市场

平方米，是北京市东城区域内最大的综合性单体结构大厦。其中，隶属于北京东安集团公司的东安市场于 1998 年 1 月 18 日重张开业。营业面积 1.28 万平方米，经营近 7 万种商品。其经营布局：地下一层为中华老字号食品街和旅游生活用品街；首层集中精品类商品，主要包括化妆品、珠宝首饰、钟表和照相器材；地上二层以男士服装、服饰为主；地上三层为女士天地，汇集了国内畅销的女士名品服装、服饰及针织品、羊绒衫；地上四层集中销售鞋类和皮具箱包；地上五层为中西快餐、风味小吃、咖啡厅、冷热饮。

北京饭店　五星级饭店。前身为建于清光绪二十六年（1900 年），位于崇文门内苏州胡同的“法国酒店”。光绪二十七年（1901

北京饭店西楼

北京饭店旧址

年），迁至当时东单菜市场西侧（原东单邮局旧址），正式挂牌称“北京饭店”。光绪二十九年（1903 年），迁至位于东长安街的铁路局西侧红砖楼。1917 年，在王府井大街南口迤西建成一座 5 层红砖楼房，开始接待游客。此楼被称为北京饭店老楼。1920 年，建成北京饭店中楼。中楼为 7 层，属法国帝国时期的建筑风格。共有 105 套客房，装有暖气、冷热水、电话、全套卫生设备。首层有餐厅、理发室和铺有菲律宾柚木地板的舞池，当时最早引进美国奥的斯电梯，可以把客人直接送上 7 层，建筑面积 1.6 万平方米，为北京市文物保护单位，被誉为中国饭店业发展的活化石。

北京饭店是当时北京上流社会的重要社交场所，孙中山、冯玉祥、张学良和英国作家萧伯纳、印度诗人泰戈尔等中外名人曾在此下榻。

1946 年，军调部第二招待所设在北京饭店。

1949 年，在北京饭店接待出席中国人民政治协商会议的全体代表，举办中华人民共和国开国大典宴会。

1954 年 9 月 20 日，北京饭店西楼建成并投入使用。西楼庄重典雅，楼高 8 层，建筑面积 2.65 万平方米，有客房 270 套。西楼在高度、线条、阳台和窗户的处理上与北京饭店的初期建筑风格相协调。宴会厅大门为五樘包铜镂花格，前厅有 12 根绘有缠枝西番莲的圆柱和五盏造型别致的宫灯。宴会厅可举办 1700 人的宴会，是当时北京最大的宴会厅。

1974 年 9 月 20 日，北京饭店东楼建成并投入使用。楼高 89 米，地下 3 层，地上 17 层，建筑面积 8.84 万平方米，有客房 695 套，是当时北京最高的建筑物，也是当时建筑标准最高、设施最现代化的饭店。

中华人民共和国成立后，北京饭店成为重要的国务活动场所，1950 年至 1958 年，每年国庆招待会都在这里举行。先后接待过胡志明、金日成、尼克松、田中角荣、赫鲁晓夫、希思、蓬皮杜等 50 多位外国领导人。

作为百年老店，北京饭店有着深厚的人文资源。饭店将孙中山、冯玉祥、张学良、蒙哥马利等名人下榻过的房间，经过精心布置向中外宾客推出，产生了广泛、积极的社会反响。东楼 19 层为观景台，是观赏天安门、紫禁城景区的最佳处，成为京城旅游的新热点。

东兴楼饭庄　一级饭庄，中华老字号。清光绪二十八年(1902

东兴楼饭庄（旧照）

年），在东安门大街路北开业，建筑面积1000多平方米，设12个单间餐厅。1937年，在东安门大街路南建起1800平方米的大礼堂，南北两处各设厨房，可同时容纳千人就餐。经营胶东风味菜肴，传统名菜有酱汁鲤鱼、酱爆鸡丁、葱烧海参、芙蓉鸡片、挂炉烤鸭等，特点是清、素、鲜、嫩。以场面大、档次高、烹饪技艺精湛闻名京城，曾被誉为北京“八大楼”之首。“八大楼”分别是东兴楼、安福楼、鸿庆楼、新丰楼、泰丰楼、致美楼、鸿兴楼、悦宾楼。

1944年12月，东兴楼饭庄停业。

1982年12月，东兴楼饭庄移至东直门内大街重张开业。

全素斋 位于王府井大街西侧。创办人刘海泉原在清宫御膳房烹制素菜。清光绪三十年（1904年），刘海泉开始在东安市场

全素斋

南花园摆摊卖素菜，偶然也为达官贵胄和寺庙包办“四四到底”的素席。“四四到底”即：四大碗：素什锦、素狮子头、素肉条、素烧面筋；四大盘：素烧牛肉、素烧羊肉、素烧鸡丝、素炸虾；四大件：素鸡、素鸭、素鱼、素肘子；四个压轴菜：素酱肉、素腊肠、素火腿、素小肚。

后来家业渐兴，小摊发展为店铺。1936 年定名“全素刘”，1953 年改为“全素斋”。专营以面筋、油皮和豆制品为主料，以香菇、口蘑、黄花、木耳、腐竹、玉兰片为辅料，以桂皮、花椒、大料、茴香、山柰为调料，精制而成的素食品。1956 年，加入合作商店。1958 年，并入春元楼饭馆。1959 年，独立成为前店后厂的特味素菜商店，生产销售三大类（卤菜类、炸货类、卷货类）、100 余种素菜。

1954 年，缅甸总理吴努、印度总理尼赫鲁访问中国时，北京市市长彭真特请刘海泉父子到北京饭店为国宴做素菜招待贵宾。

1994年，在北京举办的第五届亚洲及太平洋国家贸易博览会上，全素斋的“香菇面筋”和“素什锦”分别获金奖和银奖。

东来顺饭庄　位于新东安市场内，中华老字号，一级清真饭庄。专营北京风味涮羊肉。创办人丁德山于清光绪三十二年（1906年）在东安市场北门内开设东来顺粥棚，1914年改名为“东来顺羊肉馆”，经营项目增添爆、烤和涮羊肉。涮羊肉的特点是选用肉羊品种好，不腥不膻，肉质鲜嫩；切的肉片薄，一涮即熟，久涮不老；作料齐全，辛、辣、卤、糟、鲜、酸多味于一体；涮

东来顺饭庄

锅火旺，炉膛大、放炭多，一烫即熟，更见鲜美。1955 年，公私合营。“文化大革命”期间，改称“民族餐厅”“民族饭庄”。1979 年，恢复原称。20 世纪 90 年代，改建装修，营业面积增至 2700 平方米。经营清真菜肴、北京烤鸭及各种小吃 200 多种。有特级烹饪师、面点师、宴会服务设计师 47 人，可同时接待千人就餐。东来顺的涮羊肉名扬中外。

1973 年，曾接待亚非拉乒乓球邀请赛的运动员和官员 1400 多宾客就餐。中央领导同志多次在饭庄宴请外宾。1993 年，全国人大、政协会议期间，8000 多名与会人员品尝东来顺的涮羊肉，并赠予“风味独特、名震中外”的铜匾。1986 年至 1995 年的 10 年时间，在全国发展连锁店 52 家。

利生体育商厦　位于王府井大街西侧，中华老字号。原名“志

利生体育用品商店

同体育用品商店”，是天津利生体育用品厂在北京开设的门市部。1922 年开业，专营国产体育用品。中华人民共和国成立后，特别是 1956 年公私合营后，发展迅速。当时主要为国家体委及各学校提供体育器械、体育用品及运动服。1959 年获体育事业贡献奖。1985 年、1993 年、1995 年三次改扩建。新商厦地下 1 层，地上 3 层，建筑面积 3.4 万平方米。经营体育用品、体育器械 30 个大类、3 万多个品种，是目前国内最大的体育用品专营店。在经销国内外各种名牌产品的同时，还开发“利生牌”系列运动商品，首批上市的有运动服、比赛服、T 恤衫、沙滩裤、休闲装、运动袜等十几个品种。在城乡贸易中心、三利百货、蓝岛大厦等大型商场设立专柜或店中店。组建利生轮滑俱乐部，支持赞助多项体育活动。

亨得利瑞士名表店 位于王府井大街西侧，中华老字号，店名取“生意亨通，利市百倍”之意。原名亨得利钟表眼镜公司，1915 年在江苏镇江开业，后陆续开设几十家分店。王府井亨得利钟表店于 1930 年在王府井大街东侧开业。主要经营瑞士高级手表、德国名牌挂钟，同时，经营唱片及高级金丝眼镜等，附有验目配镜和修理钟表业务。1956 年公私合营，专营钟表。“文化大革命”期间，改名为首都

亨得利钟表店

钟表店。1980年恢复原称，在经营上突出名、特、优、新商品，实行零售、批发、产销挂钩，代理代销相结合。重视售前质量检查，售中严格挑选，售后保修，以修促销、修售并举，经营品种达千款。1998年，亨得利钟表店与瑞士名表中心联合组建北京市亨得利钟表总店，为总店所属的主要门店。2000年改称亨得利瑞士名表店，国内唯一的一块价值199万元的极品欧米茄金钻表陈列于此。

同陞和鞋店　位于王府井大街西侧，中华老字号，原名同陞和鞋帽店。店名取“同心协力，和气生财”之意。清光绪二十八年（1902年）创办于天津。位于王府井大街的同陞和鞋帽店为总店的第三分店，于1932年在王府井大街东侧开业。经营的鞋帽以选料考究、做工精细、美观舒适而闻名。1956年公私合营后，专营鞋业。几十年来，始终保持前店后厂，自产自销，购销结合的传统经营特色。改革开放后，产品不断更新，以名、特、优、新吸引顾客。1982年以来，生产制作的牛皮面线缝男女皮鞋、“铜牛”牌牛皮胶粘男式浅鞋、男式胶粘底牛皮鞋、女式胶粘底半高跟女鞋及女高筒皮马靴，先后获商业部或北京市优质产品奖，并多次获得新款式设计奖。1986年迁址，并引进捷克斯洛伐克制鞋生产线，扩大了

同陞和鞋店

生产能力。1990 年，第十一届亚运会高级体育官员所穿的 3000 双皮鞋，全部由该店生产。1994 年，扩建店堂，营业面积 1500 平方米。

百草药业公司 位于王府井大街西侧，中华老字号，前身为永仁堂药店。1933 年在东安市场南门外开业，创始人乐咏西是同仁堂老药铺第十二代传人。该店经营的名贵药品，都遵照乐家老铺祖传的规矩和严格的配制方法配制。如：牛黄清心丸、安宫牛黄丸、乌鸡白凤丸、安坤赞育丸等，由主事按配方配好细料，仔细核对，经铺东亲自点验，然后加对粗料，再送药房加工制作，始终保持乐家老铺真材实料、精工细制的声誉。其独门药“万应膏”，治腰酸腿疼、跌打损伤疗效很好，求购者甚多，一人一次限购一贴，被称作“一贴膏”。1956 年公私合营。“文化大革命”期间，先后改称“东方红药店”“首都药店”“百草药店”。1987 年，改称百草参茸药业公司。该店经营的药品，以同仁堂药厂生产的为主。近些年扩大经营，与外省市

永仁堂药店（旧址）

几十个厂家建立业务关系，经营全国各地的名优滋补品。1997年11月，组建百草药业公司。1999年秋，随着王府井大街改造工程完工，在王府井大街西侧重张，营业面积500多平方米。

大明眼镜公司 位于王府井大街西侧，中华老字号，1937年开业。1956年公私合营，将王府井大街、东安市场内的眼镜店以及亨得利、慎昌、怡盛钟表店的眼镜专柜合并到大明眼镜公司。大明眼镜公司的销售、技术、信誉在北京眼镜行业居首位。“文化大革命”期间，曾改名为北京眼镜店。1979年恢复原称。1983年，由王府井大街150号迁至新建的3200平方米的营业大楼，设立11个验光室及相应的营业部门，扩建加工车间，并先后从美国、英国、德国、日本引进电脑验光机、磨片机等先进设备40多台，成为京城规模最大的眼镜专业公司。20世纪90年代，实行连锁经营，已发展连锁店11家。年验光12万人次，

大明眼镜公司

配镜及销售 15 万副，修理服务 4 万人次。北京市场占有率达 40%~50%。

盛锡福帽店 位于王府井大街东侧，中华老字号，1912 年创办于天津。1937 年，在王府井大街开设分店，自产自销“三帽”牌各式帽子，产销一体化。以品种全、花样多、质量好闻名国内外。1956 年公私合营，组建盛锡福帽厂。坚持为广大群众服务的方向，并承担为国家领导人和外宾服务的任务。“文化大革命”期间，曾改名为红旗帽店。1979 年，恢复原称。改革开放后，根据市场变化，逐步由生产经营型向设计经营型发展，研制开发适应时代特点的新产品。盛锡福帽店营业面积 400 平方米，还在蓝岛大厦等 8 个大商场设立专柜。帽厂生产面积 3400 平方米，设计生产各式帽子 400 个品种。其中华达呢圆帽、毛涤前进帽、仿毛小礼帽、水獭解放式皮帽、六角女式帽等，先后获商业部优秀产品奖。

盛锡福帽店

萃华楼饭庄 位于王府井大街东侧，中华老字号，特级餐馆，1940 年开业。“萃华楼”，原意为荟萃山东菜之精华于一楼。由三套四合院 50 间房组成，分设大厅、雅座。坚持外会（饭庄派人到顾客家里或会议场所制作筵席）、外送服务上门至今。1956 年，

萃华楼饭庄

公私合营。“文化大革命”期间，曾改名首都饭庄。1978 年，恢复原称。1991 年，翻建装修，营业面积增至 1800 平方米。有特级厨师 37 人，先后有 16 人到苏联、美国、菲律宾、马来西亚等国献艺。经营正宗鲁菜，风味独特。菜品齐全，有燕窝菜、鱼翅菜、爆炒菜、滑溜菜。时鲜菜抢先，初春有黄鱼、青蛉，夏季有鲥鱼、雏鸡，秋季有鳜鱼、河蟹，冬季有冬笋、黄瓜。1993 年，被内贸部命名为“中华老字号”。1997 年，被评为特级餐馆。宴会厅内有郭沫若先生的书法力作《毛泽东主席词一首·满江红》。

东华服装公司　位于王府井大街西侧，前身为东华服装行，1946 年在八面槽开业。1956 年迁入现址。公私合营后，美琪、海燕、大陆、新源、新丰（新记）、发昌祥、东方、惠康等服装店并入，以技术力量雄厚，经营人才齐全而闻名。“文化大革命”期间，曾改名为立新服装店。1983 年扩建，新楼营业面积 1.18 万平方米，改名为东华服装公司，为当时北京最大的服装专营店。一直坚持前店后厂，形成设计、生产、销售、批发、零活加工一条龙经营方式。

建华皮货服装公司 位于王府井大街东侧，前身为远东皮货店，1946 年创建，1949 年改称建华皮货服装店。1956 年公私合营后，茂林、泰来、福美、永兴、世界、恒兴等几家皮货店与建华合并。1962 年设立外宾服务部，1984 年改称公司，1987 年定为“涉外旅游定点商店”。在北京友谊商店，建国、京伦、长城等饭店，西安友谊商店、广州东方宾馆等 17 处设立建华皮货销售专柜。建华皮货“雪花牌”获著名商标，雪花牌皮革服装和裘皮服装在 1987 年、1988 年、1990 年获北京市或商业部优质

建华皮货服装公司

产品称号。1999 年 10 月，经过 10 个月的施工，建华皮货服装公司翻建工程完工重张。翻建后的建华皮货服装公司建筑面积为 3165 平方米。

王府井医疗器械公司 位于王府井大街西侧，原为国营人民药房，1950 年 7 月开业，1956 年改称王府井医药商店。“文化大革命”期间，曾先后改为“工农兵医药商店”“益康医药商店”，1975 年恢复王府井医药商店名称。1992 年改建店堂，更名为“王府井医疗器械公司”。经营各种西药制剂、进口药品、中成药、参茸补品、保健品、医疗器械等十大类，5000 多个品种。

和平宾馆

和平宾馆 位于王府井大街东侧的金鱼胡同 3 号，四星级宾馆，1952 年开业。

金鱼胡同 3 号原为清末军机大臣那桐的花园，称“那家花园”。民国初年，孙中山先生北上，曾三次在此设宴开会，与各界人士共商国是。

1952 年亚洲及太平洋区域和平会议在北京召开，为迎接各国代表特兴建了和平宾馆。和平宾馆为 8 层楼房，建筑面积 1.46 万平方米，有客房 156 间，是中华人民共和国成立后北京市新建的第一家涉外饭店。“和平宾馆”四字由郭沫若书写。和平宾馆接待的第一批客人是参加亚太和平会议的203位代表。

1955年和平宾馆扩建后，形成21个院落、38个单元，拥有高级客房142套。宾馆整体风格为古今结合、中西合璧，既有现代化的高楼大厦，又有中国古代建筑的庭院园林。和平宾馆长期以接待国际、国内会议和各国政府、文化、贸易代表团体为主要任务，曾先后接待过法国总统蓬皮杜、西班牙国王卡洛斯、联邦德国总统卡尔等外国元首。

1984年，和平宾馆与香港紫大国际投资有限公司合资，对旧楼（西楼）进行改造，并新建一座22层大楼（东楼），建筑面积2.4万平方米。现在的和平宾馆由东楼、西楼和“那家花园”组成，占地面积1.17万平方米，建筑面积4.35万平方米，拥有标准间、豪华套间等客房420余间（套）。宾馆内设游泳池、健身房、桑拿浴室、美发室、迪斯科舞厅、商务中心和购物商场等设施。

工美大厦

工美大厦　位于王府井大街东侧，原为北京工艺美术服务部，1954年开业。工美大厦是北京第一家大型工业美术品专营店，建筑面积5000平方米，经营珠宝翠钻，工艺美术等70大类几万种产品，与上千厂家有稳定的业务联系，是北京市旅游局首批命名的涉外定点购物商店。

1995年拆除重建，1998年7月竣工，建筑面积3.2万平方米。新建的工美大厦为综合性商厦，地上9层、地下4层。1~5层销售全国各地的名优工艺品和进口工艺品，并在4层设有北京工艺美术博物馆；6层经营名家名作，并常年举办各类字画、工艺品展销及拍卖活动；7~9层为写字楼，地下1层经营民族特色快餐，地下3层为双层机动车库。

北京市百货大楼　位于王府井大街西侧，1954年5月28日奠基开工，1955年9月25日开业，是新中国建立后建造的第一座国营大型百货商店，被誉为“新中国第一店”。原名北京市百货公司王府井百货商店，1958年11月改名为北京市王府井百货商店，1968年7月改名为北京市百货大楼。刚建成时，主楼6层，建筑面积2.04万平方米，营业面积1.25万平方米。主营日用百货、烟酒食品、皮件箱包、家用电器、民用五金、服装鞋帽、文化用品、钟表眼镜、黄金饰品等几大类商品，兼营批发业务。

“文化大革命”前，百货大楼以品种齐全、质量优良、突出中档商品、兼顾高档商品和零星小商品为经营特色，销售平稳，稳中有升，被誉为中国轻纺百货的“展览馆”，国民经济形势变化的“晴雨表”，首都商业最著名的“窗口”。

“文化大革命”开始后，百货大楼的经营服务一度受到严重

北京市百货大楼

干扰，一些商品被斥为“四旧”勒令停止销售。20 世纪 70 年代，扩建 5 层西楼（附属业务楼、仓库楼），总建筑面积达到 4.12 万平方米，营业面积增至 1.79 万平方米。1973 年，销售额首次突破亿元，达到 1.06 亿元。

改革开放后，商品经营上突出名、特、优、新商品，经济效益逐步上升。1980 年，销售额突破两亿元。1991 年，销售额达到 6.5 亿元，实现利润 6856 万元。

1991 年 9 月 28 日，成立北京市百货大楼集团公司，由 9 个独资企业和两个中外合资企业组成。1993 年，进行股份制改造。1994 年向社会公开发行股票 5000 万股，在上海证券交易所上市。集团公司坚持“一业为主，多种经营，零售为本，全面发展”的方针，在全国范围内实施主业连锁发展战略，先后投资兴建成都王府井商城、南通王府井商厦、广州王府井百货大楼，拥有全资和控股企业 13 家，物业 16 万平方米。集团公司以商业零售、批发为主，兼营生产、运输、仓储、餐饮、海外贸易和房地产开发等项业务，成为跨行业、跨地区，集生产、销售、综合服务为一体的企业。

20 世纪 90 年代，百货大楼先后两次进行全面装修改造。第二次装修改造从 1999 年 2 月开始，历时半年，投资上亿元，装修改造面积达 2.3 万平方米，8 月 28 日重张之时，《北京晨报》作了《百货大楼重张，四十万人捧场》的报道。

百货大楼先后涌现出一批全国劳动模范、全国商业系统劳动模范、北京市劳动模范，全国著名劳动模范张秉贵是其中代表。集团公司将张秉贵的“一团火”精神定为百货大楼的企业精神，并于张秉贵逝世后，在百货大楼门前广场树起张秉贵塑像，塑像底座上，镌刻着陈云题词；“‘一团火’精神光耀神州”。

新中国儿童用品商店 位于王府井大街东侧，1956 年 1 月开业，宋庆龄题写店名。当时是全市规模最大的国营儿童用品商店。经营儿童玩具、教具、儿童服装、鞋帽、床上用品等日用百货，幼儿园所用的儿童睡床、餐桌椅、大型玩具等 800 多个品种，并设置上海童车、烟台童鞋、北京童装、嘉兴童毛衣等名优产品专柜，形成专业化、系列化的经营特点。1987 年、1993 年两次扩建，营业面积增至 2400 平方米，经营品种增至 4000 多种，并在昌平设立分店。改造后的新中国儿童用品商店有地下 3 层、地上 6 层，上有观光花园，下设地下停车场。地下 2 层为儿童娱乐城，地下 1 层是童车世界，地上 1 层专售儿童玩具，2 层出售儿童鞋帽，

新中国儿童用品商店

3层专卖童装，4层出售电教文化用品，5层为美食天地，6层是儿童艺术培训中心。

中国照相馆 位于王府井大街东侧，1937年创办于上海，1956年迁京，原址在王府井大街南口西侧。1988年，新建9层营业大楼，面积5500平方米，内设9个照相室和1个摄像室，拥有全套多功能照相加工设备，有专为顾客服务的候照室、更衣室、美容美发室，为全国著名的大型照相馆。1999年8月18日迁至现址。中国照相馆的特色服务项目是婚纱照相。备有礼服、鲜花，美容师为顾客梳理发型、美容化妆，照片放大，油彩着色。拍摄彩色生活照片，制作大型彩色图片和彩色灯箱片，冲洗各种彩色照片和彩色反转片，承办广告产品摄影，生活、会议录像，经营中外照相器材等。该店有特级技师13人，其中，中国摄影家协会理事、特级着色技师吴壬麟编有《照片着色》专著；特级修版技师周坤元被誉为“修版大王”，曾为毛泽东等老一辈革命家修整过不同历史时期的珍贵底版54份；特一级照相技师、全国劳动模范姚经才，曾任全国人像摄影协会副会长，多次为中央领导同志和劳动模范拍照，周恩来总理的标准像就是姚经才和张孔嘉拍摄的。

四联美发厅 原名四联理发馆，由上海迁京的华新、紫罗兰、云裳、湘铭4家理发馆联合组成，1956年在金鱼胡同西口开业。1978年，扩建装修，建起使用面积720平方米的两层楼房。楼下是男部和洗衣间，二楼设女部。理发座椅从原来27把增到56把，增添修眉、文脸、化妆和制作假发等服务项目。1984年，再次装修，

四联美发厅

引进全套美发美容设备，包括既能做活又能按摩，能自动升降的高级理发椅；把操作、梳理、洗头结合在一起，顾客不离座位即可完成全部操作的内藏式洗头盆。有立式、手提式大功率吹风机，红外线烤发机，多功能美容机等。该店高级技师 23 名，先后创造出发型 300 多种。曾与日、德、法、英等国及中国香港地区同行进行技术交流。

1994 年，因王府井大街改造，“四联”迁至清华园浴池（王府井大街 223 号）二楼营业。1998 年，与京城老字号“美白美发厅”联合，先后建立了 4 家分店。1999 年 8 月，在王府井大街 188 号建“四联”精品店。

随着时代的发展，“四联人”赋予了“四联”新的内涵，即联手、联心、联利、联艺。

碧春茶庄 位于王府井大街西侧，中华老字号，前身为北京市茶叶公司第二门市部。1955 年在东安门大街 7 号开业，后迁入王府井大街东侧。1962 年改称碧春茶庄。1993 年迁至现址。经营红茶、绿茶、花茶、保健茶等几百个品种。既有湖南君山银针，江苏碧螺春、阳县雪芽，安徽黄山毛峰，河南信阳毛尖，福建大红袍、牡丹绣球等高档茶叶，也有中低档茶叶。

1993 年，被商业部命名为“中华老字号”。1999 年，增加经销茶具、特设茶座和茶艺表演等服务项目。2001 年，成为西湖龙井茶特约专卖店。

华侨大厦 位于王府井大街北口东侧，五星级宾馆。1959 年建成，占地面积 8326 平方米，建筑面积 1.5 万平方米，为中

华侨大厦

华人民共和国成立 10 周年首都十大建筑之一。中华人民共和国成立 10 周年首都十大建筑是：人民大会堂、民族文化宫、北京火车站、军事博物馆、电报大楼、工人体育场、全国农业展览馆、历史博物馆和革命博物馆、钓鱼台国宾馆、华侨大厦。

当时的华侨大厦主楼 8 层，有 192 间客房，是北京第一家有空调设备的酒店，空调设备为现任澳门特区行政长官何厚铧的父亲何贤所赠。华侨大厦接待的第一批客人是回国参加国庆 10 周年庆典的海外侨胞。

1988 年中外合资重建华侨大厦，1992 年竣工。重建后的华侨大厦为 12 层楼房，建筑面积 4.25 万平方米，有 402 套客房。

王府井全聚德烤鸭店　位于帅府园胡同西口北侧，特级餐馆，1959 年 10 月 1 日开业。现为中国北京全聚德烤鸭集团公司三个骨干烤鸭店之一。

全聚德于清同治三年（1864 年）于前门外肉市开业。初为小饭馆，后专营“挂炉烤鸭”。全聚德的挂炉烤鸭外形美观、鲜美酥香，被誉为“京城美食一绝”。

王府井全聚德烤鸭店

王府井全聚德烤鸭店建店初期的建筑面积为800平方米，可同时供200人就餐。1967年对店堂进行第一次改造，1969年5月重张。1991年，开始进行大规模改扩建工程，投资8000万元，历时4年。新扩建的楼房建筑面积为8000多平方米，可同时供800人就餐。1995年2月28日重张。

1993年，以前门全聚德烤鸭店、和平门全聚德烤鸭店、王府井全聚德烧鸭店为骨干，集53个成员企业成立了中国北京全聚德烤鸭集团。

北京穆斯林大厦　位于王府井大街西侧，1989年建成开业。10层楼房,建筑面积1万多平方米。其黑色大理石基座,茶色玻璃,白色瓷砖和绿色凹槽，棕色圆拱，体现出伊斯兰的建筑风格。

大厦的一层、二层为百货商场，三层为珠宝工艺美术商场，四层是清真餐厅，五层是采购供应部和小宴会厅，六层、七层为写字间。大厦是中国与伊斯兰国家经济文化交流的一个重要窗口，

穆斯林大厦

与40多个国家的商社有业务联系，先后接待来自世界各地的穆斯林宾客十多万人次。具有民族特色的丝绸、绣衣、屏风、瓷器、景泰蓝等，畅销阿拉伯及英国、美国、瑞士、罗马尼亚、新西兰等国。同时，开展沟通国内外穆斯林联系、旅游服务、工艺品展销、贸易合作等多项活动。为方便穆斯林宾客礼拜和沐浴，写字楼和客房还设有礼拜室及按穆斯林习俗设计、制作的卫生冲洗用具。穆斯林大厦将部分盈利用于发展北京穆斯林的文化、教育、卫生、福利事业。

王府饭店　位于王府井大街东侧金鱼胡同东口，五星级饭店，1989年建成开业。饭店建筑面积7.2万平方米，主楼18层，地下3层，地上15层。拥有各类客房530套，其中，总统套间两套、豪华套间50套。饭店拥有7个多功能厅和会议室；商务中心可提供多种语言翻译和昼夜秘书服务；餐厅有西式“棕榈咖啡厅”“罗马厅”“巴伐利亚厅”，中式“越秀厅”和“潮江春厅”，饭店的

“水晶厅”可举办600人参加的鸡尾酒会或400人参加的宴会。饭店另设池畔酒吧、幻境酒廊、迪斯科舞厅、健身中心、桑拿浴池、游泳池、日光浴平台和精品购物长廊等设施。饭店设有两个全天候服务的闭路影视频道。

王府饭店夜景

2003年4月25日，正值北京进行阻击非典型肺炎的特殊时期，法国总理拉法兰对中国进行友好访问，便下榻在王府饭店。

北京香港美食城王府井店 位于东安门大街18号，涉外定点餐馆，1990年5月7日开业。主体建筑为融合中西方建筑风格的7层楼房，地下2层，地上5层，曾获北京市建筑设计奖。

北京香港美食城王府井店的建筑面积5000平方米，营业面积3200平方米，可同时容纳800人就餐。以经营新派粤菜为主，品种有生猛海鲜、鲍参翅肚、烧烤、卤菜、炒菜、港式火锅和粤式小吃、点心等。聘请在香港享有盛誉的厨师主厨，菜肴既注重保持传统粤菜特点，又博采众长、注重创新，清中求鲜、淡中求味，讲究清、鲜、嫩、爽、滑、香，尤其是红烧大鲍翅、片皮乳猪、深井烧鹅、脆皮乳鸽更令食客称道，曾三次获北京市旅游局颁发的“首都旅游紫禁杯”。

天伦王朝饭店　位于王府井大街东侧，五星级饭店，1990年12月26日开业。饭店占地面积1.07万平方米，建筑面积5.27万平方米，拥有各类客房408间（套）。建筑外观具有中国古代皇宫风格，曾获北京市优秀设计一等奖。

饭店定名“天伦王朝”，寓意炎黄子孙和海外朋友都能在饭店享受天伦之乐。中西荟萃的精美膳食是饭店的一大特色，有“天伦阁”西餐厅、“四季”中餐厅、“盛华”粤菜餐厅和“日豪本馆”日餐厅，此外，还有北京市第一家以电影场景为背景体现地方特色与民俗的“影艺食苑”餐厅和经营香港名菜的“鱼翅捞饭”餐厅。可容纳千人会议或500人用餐的颐和宴会厅，集中国古代殿堂与现代风格于一体，富丽堂皇、情趣盎然。

饭店内的“天伦广场”是亚太地区最大的玻璃吊顶室内阳光

天伦王朝饭店

广场，面积2500平方米，高22米。乘观光梯至三层使人顿感豁然开朗。“王朝轩”位于十层的豪华贵宾层，有店中店之称。拥有58套各类商务客房，配有独立的商务中心、会议室、观景餐厅和阅览室。

饭店设有齐备精良的娱乐、健身设施。

北京国际艺苑皇冠饭店 位于王府井大街东侧，五星级饭店，1991年8月18日开业，原名为北京国际艺苑皇冠假日饭店，1998年改为现名。饭店占地面积8000多平方米，建筑面积3.6万平方米，主体建筑高32米，地上9层，用象征手法将江南民居建筑特色与现代建筑艺术构想融为一体，线条简练，造型典雅。

饭店设有画廊、艺术沙龙和382套客房及餐饮、康乐设施。饭店的一层有面积为340平方米、展线为180米的“北京国际艺苑美术馆”。美术馆开馆10年时间，先后举办过德国、法国、意大利、芬兰、日本、新加坡等国的14个展览。饭店二层辟有“北京国际艺苑艺术沙龙”，艺术沙龙的面积为182平方米，设有80个可移动组合式沙发座位和一个小型舞台。从1993年到2001年，艺术沙龙举办了800余场音乐会，参加演出的有数十个专业团体和艺术院校，许多国内外著名音乐家、艺术家曾在此登台献艺。饭店的餐厅和客房设计也颇具匠心，给人以浓郁的艺术气息。

北京世都百货有限责任公司 位于王府井大街西侧，是一家现代化百货商场，1996年建成开业，营业面积1.8万平方米，经营40个国家300个著名品牌的商品。世都百货采用“三权分立”的经营模式，即开发商拥有商场所用房屋的所有权，经销商拥有场内各类商品的经营权，世都百货公司拥有商场的管理权。

1997 年，世都百货公司的零售额进入北京市商场零售额排名榜的前 10 位。

东方广场 位于东长安街北侧，西起王府井大街，东至东单北大街，北至东单三条，1999 年完工，2000 年开业。东方广场共 13 栋楼，总占地面积为 10.99 万平方米，总建筑面积为 87 万平方米。其中，11 栋主楼建筑面积为 78 万平方米，两栋回迁楼建筑面积为 7.6 万平方米，另有一座 22 万伏地下变电站。

东方广场主楼群分三段，共 11 座楼，自西向东形成三个既相对独立又浑然一体的建筑，建筑高度分别为 48 米、58 米、68 米。

东方广场有五星级酒店和功能齐备的写字楼，有 10 万平方米的现代化购物商场。1996 年 12 月 28 日，在东方广场工地发

东方广场

现距今2.4万至2.5万年旧石器时代晚期古人类活动遗迹。在发现遗迹的层面（地下12米左右）设立永久性展室，面积360平方米，陈列古人类遗迹实物，是为“王府井古人类活动遗址博物馆”。

历史嬗变的金融机构

王府井的金融机构是随着商业的发展、繁荣而发展、繁荣起来的。清代中叶以前，北京的钱庄、银号大多集中在东四牌楼。遭咸丰十年（1860年）英法联军和光绪二十六年（1900年）八国联军两次洗劫之后，东四一带的银号、钱庄逐渐衰落，东四作为金融机构集中区的地位，逐渐被前门外和西单所取代。外国人办的银行则主要集中在东交民巷“使馆界”内。

农业银行

光绪三十一年（1905年）今王府井街区出现了以下6家银号（钱庄）：

大新钱号，在灯市口南路西；

大新钱号，在灯市口路西；

集成厚钱银号，

在丁字街；

德成号钱银店，在报房胡同。

值得注意的一个现象是，这 4 家银号的注册登记开业时间都是 1905 年 12 月。还有两家开设在灯市口大街，它们的开业时间已不可考：

大成银号，

源丰号银钱店。

1912 年共有 5 家：

大新银号，在灯市口路西；

德成号，在报房胡同；

仁兴号，在椿树胡同；

永祥号，在灯市口路西；

松元钰，在八面槽路西。

1927 年至 1945 年间，此间的公、私营银行有 12 家，它们是：

中国农工银行北京东城办事处 地址在王府井大街 103 号，1927 年 6 月 21 日开业。

金城银行北京办事处 地址在王府井大街 81 号（现在中国工商银行北京市东城区办事处所在地），1931 年 8 月 25 日开业。

大陆银行北京王府井办事处 地址在王府井大街 110 号，1931 年 11 月 4 日开业；1947 年，改为支行。

中国银行北京王府井大街办事处 位于王府井大街路西（现在外文书店地址），1932 年 8 月开业；1937 年 7 月停业，1945 年 12 月复业，并改名为东城办事处。

大泉银号总号 位于王府井大街甲88号，1933年2月开业。专营存放、兑换业务，是北平12家兑换所之一。北平沦陷后，停业。其在王府井大街的号址，被伪冀东银行强占。1945年10月1日正式在钱局乙字2号复业。1948年5月，银号迁至前门外珠宝市23号新址。

交通银行北京王府井大街办事处 位于王府井大街89号（菜厂胡同东口北侧），1934年7月，交通银行总管理处在此处设六等支行，简称燕支行。1937年7月后停业（1942年日伪成立伪交通银行时，于该支行原址设东城办事处。1945年8月15日停业）。1945年10月，交通银行接管伪交行并于12月1日复业，改名为王府井大街办事处。

中国实业银行北京东城办事处 位于八面槽54号，1933年12月开业。

新华信托储蓄银行北京东城办事处 位于东安门大街88号（现珠宝首饰部地址），1934年10月15日开业。

上海商业储蓄银行北京东城办事处 位于王府井大街80号，1935年10月成立，1936年1月开业，1937年7月停业，1939年9月复业，1945年8月停业清理。1946年11月11日，迁入崇文门内大街281号复业。

大中银行北京东城办事处 位于王府井大街71号（现蓝天服装店址），1937年5月28日开业。

冀东银行北京东城办事处 位于王府井大街488号，1941年9月15日开业，1945年8月停业。

华北储蓄银行北京东城办事处 位于八面槽甲 44 号，1944 年 6 月 25 日开业，1945 年 8 月停业。

1949 年北平解放前，今王府井街区的银行业大都经历了抗战前、抗战时期（即沦陷期）和光复后三个时期，其中，多数都经营到北平和平解放。它们在王府井商业区的发展上起过积极作用。中华人民共和国成立后，大都经过接收或公私合营，归并到中国人民银行系统。如今坐落在王府井街区的中国银行、中国工商银行、中国建设银行、中国农业银行等的分行、办事处、分理处及储蓄所有七八家之多，经营业务也有了新的发展。

工商银行东城支行 中国工商银行北京市东城支行的前身，是中国人民银行北京分行东城区办事处。1949 年 1 月，中国人

工商银行

民解放军北平市军管会接管了中国银行、农民银行、交通银行、中央合作金库、中央信托局、河北省银行在东城域内的办事处、分理处。同年3月，在王府井大街89号组建中国人民银行北平市东城办事处，下设东单、东四两个分理处和王府井、东单两个储蓄所。

1950年12月，中国人民银行北京市分行在东城区域内设立4个办事处，其中包括王府井办事处和东单办事处。

1952年9月，王府井办事处与东单办事处合并为东单区办事处。1958年7月，东单区办事处和东四区办事处合并为东城区办事处。

1968年8月，人民银行东城区办事处与东城区财税局、东城区工商科合并，组成东城区财金局。1973年1月，财金局撤销，恢复人民银行东城区办事处。1984年，金融体制改革，人民银行东城区办事处分为中国工商银行东城办事处，中国人民保险公司北京市东城区公司和中国农业银行北京市和平里分理处。

1992年9月，工商银行东城区办事处改称东城支行。1995年底，东城支行下设王府井等8个分理处，50个储蓄所和9个合办与代办储蓄所。

王府井储蓄所建于1949年4月，是中国人民银行在北京建立的第一家储蓄所。从1949年到20世纪末，拥有储户26.8万户，日均现金收付量1000多万元。人民币储蓄存款达13亿元，外币存款储蓄达4848万美元，居全国单所储蓄存款余额的前列。

中国人民建设银行东四支行　1954年12月，中国人民建设银行北京市分行东单支行成立，1970 年 6 月撤销。1972 年 7 月恢复，更名为中国人民建设银行北京东四支行，行址在甘雨胡同。

中国交通银行北京分行　东单办事处成立于 1990 年 7 月。1993 年 6 月，东单办事处更名为东单支行，行址在东单北大街乙 112 号。

中国银行东安门办事处　成立于 1965 年 5 月，行址在东安门大街 10 号。1979 年 1 月，在东安门办事处基础上，成立中国银行北京市分行。1995 年 9 月，迁至朝阳区雅宝路。1995 年 12 月，东城区支行成立，在东安门、王府饭店等处设立营业室，还有龙隆城市信用社、长城城市信用社储蓄代办所。

城市信用合作社是集体所有制的金融服务企业。每个合作社都是独立法人。实行自主经营、自负盈亏、自担风险、自我约束、独立核算、民主管理的机制。

王府井街区内有：

长城城市信用社，社址在金鱼胡同 1 号；

龙隆城市信用社，社址在灯市口 72 号。

1996 年 1 月 8 日，北京市城市合作银行成立。上述两家信用社转制为合作银行的直辖支行。

保险公司是金融机构中的重要组成部分。清末，今王府井街区内，曾有外商在帅府园开办过“永大保险公司”，在灯市口开办“友帮人寿保险公司”，在东单二条开办“宏利人寿保险公司”，在东单北大街开办的“三菱海上保险公司”和中日合办的“东方人寿保险公司”。

景致咀华

王府井街区的营造颇具匠心，

王府井街区的风光如诗如画。

《景致咀华》通过“四季相宜的皇城根遗址公园”“颇具匠心的广场设计”“情趣盎然的街头雕塑”“绚丽多彩的灯光配置”的赏析，品味街区美景，感悟人文关怀。慢慢走，请欣赏。

四季相宜的皇城根遗址公园

皇城根遗址公园建成于 2001 年 9 月，是王府井三期改造工程项目之一，工程总造价 8.5 亿元人民币。

公园建在南河沿大街、北河沿大街与霞光街、晨光街、东黄城根南街、东黄城根北街之间，呈南北走向，全长 2.8 千米、宽 29 米，绿化率达 90%，在王府井商业街区西端构成一条绿色风景线，成为王府井商业街区西部的自然界标。置身其中，东看可

皇城根遗址公园北端

观赏王府井大街的繁华，西望可领略紫禁城城楼的巍峨。古都流韵暗香频至，现代气息扑面而来，能不令人心旷神怡!

既然定名为皇城根遗址公园，追根溯源就必然要涉及历史上北京城的皇城。

北京城建于明代，由里向外由四层城池组成，即：宫城（紫禁城）、皇城、内城、外城。皇城居内城的中部，建于明永乐五年（1407 年）至十八年（1420 年），皇城南墙在今东、西长安街北侧，北墙在今地安门东、西大街南侧，东墙在今东黄城根北街、东黄城根南街、晨光街一线，西墙在今西黄城根北街、西黄城根南街、灵境胡同、府右街一线。皇城周长 18 千米，东西宽 2500 米，南北长 2750 米，呈不规则长方形。

皇城有四门：南曰承天门、北曰北安门、东曰东安门、西曰西安门。清顺治八年（1651 年）改承天门为天安门，顺治九年（1652 年）改北安门为地安门。承天门前是“T”字形广场，为皇城的一部分，沿广场的东、西、南三面筑有红墙。广场南端在今毛主席纪念堂的位置建有一门，与内城的南门——正阳门相对。此门明代称大明门，清代称大清门，民国时称中华门。宫城（紫禁城）位于皇城中心南部。

明清时期的诸多中央衙署设在皇城内，皇城内建有皇家园囿、皇家坛庙、皇家寺院和为皇宫直接服务的各种御用机构。皇城内建造的皇家苑囿有东苑、西苑和景山。西苑就是现在的中南海与北海公园，景山就是现在的景山公园，故不赘言；唯东苑已废，且临近王府井商业街区，似有略述之必要。

东苑在宫城（紫禁城）外，位于今东华门大街以南，南河沿以西，建于明永乐年间，明成祖朱棣曾到东苑观看击球射柳，并赐宴群臣。正统十四年（1449 年），明英宗朱祁镇率 50 万大军御驾亲征瓦剌，在土木堡兵败被擒，史称“土木之变”。瓦剌军首领也先乘势进攻北京，欲取京师。兵部左侍郎于谦坚决主战，并拥立明英宗之弟郕王朱祁钰为帝，年号景泰。京师保卫战在于谦的指挥下取得胜利，京师解围。景泰元年（1450 年），已失去皇位的朱祁镇被瓦剌释放回京，住在东苑东南部的崇质宫，其居处称“小南城”，崇质宫又称黑瓦殿（今欧美同学会现址）。景泰八年（1457 年），将军石亨和太监曹吉祥乘景帝朱祁钰生病之机，拥护朱祁镇复辟。朱祁镇出小南城夺东华门，复辟成功，史称“南宫复辟”或“夺门之变”。明英宗复辟后，改年号为天顺并在东苑大兴土木，使之成为皇城中又一个独立的宫殿群，称作“南城”。清初，在此建睿亲王府，是皇城内唯一的王府。睿亲王多尔衮被夺爵后，睿亲王府于康熙三十三年（1694 年）改为普度寺。

初建时的东苑“苑中树木夹道，殿前有两块奇石，左为龙翔，右为凤舞。殿后有台，高数尺，四周环植花卉。台北为方池，上有玉龙，喷水下注，殿后有石龙，吐水与玉龙相应。殿亭有草舍，为致斋之所。苑中有小殿，构架木料不加削斫，屋顶以草覆盖。沿小殿之西迂回进入荆扉，旁有斋、轩，屋顶全部以草覆盖，为弹琴读书之所。其间有河道，河岸以石护砌，河上有小桥，覆以草亭，桥之左、右又有两座草亭，东西相望”。很显然，东苑是一座具有田园风光的皇家苑囿，充满乡间野趣。

“土木堡之变”后，朱祁镇曾在东苑崇质宫幽居八年，策划复辟。对他而言，此处既是困龙之所，又是龙腾之地。因此，复辟成功后，在此仿宫城（紫禁城）规制，建两条长街、三路宫殿，中路一进为观心殿，东路为崇德殿，亦称回龙观，西路为龙德殿。自今东华门大街往南至龙德殿，空地上种满蔬菜、瓜果，宛若村庄，仍然是一派田园风光。此处为皇城内著名景观。

斗转星移，皇城的四门只有天安门巍然屹立，且雄姿胜过当年，其他三门已荡然无存；皇城东、西、北三面的城墙也在民国时被拆除，在遗留的东黄城根、西黄城根的地名中的“皇”字，也由“黄”字所代替。

皇城根遗址公园的建成犹如打开一扇历史的窗户，能让人领略历史的风采，虽不完整，但也很有韵味。公园的建设工程包括3处明代皇城遗址的修复，即：在公园南、北端点复建两处皇城墙，在东安门遗址建成1座下沉式广场，对地下遗物实行原状保护。园内栽植园林植物78种，其中乔木及珍贵树种2000余株，灌木4.4万余株，铺草坪4万平方米。乔木以银杏、元宝枫、油松、白皮松等为基调树种，国槐、龙爪槐、玉兰、海棠、石榴、紫藤等为配景树种；红叶小檗、金叶女贞、迎春、

皇城根遗址公园下沉式广场

蜡梅等灌木分布其间，像一条绿色的丝绦将北大红楼、中法大学、欧美同学会等人文景点连接起来，间有喷泉、叠水和雕塑，形成“梅兰春雨”“御泉夏爽”“银枫秋色”“松竹冬翠”四季更替的景观。

入秋时节，公园内的树木变成红、黄两色，与皇城的红墙黄瓦相映成趣。

皇城根遗址公园的雕塑

欧美同学会

颇具匠心的广场设计

改造后的王府井大街从南到北，在道路两侧分别建设了 3 个广场，即：好友广场、百货大楼广场、天主教堂广场。3 个广场的设计各具特色，或活泼、或热烈、或恬静，既增加了王府井大街的节奏感，又突显了王府井大街的人文内涵，也为游人营造了一个观赏品味、凝思遐想空间。

好友广场 位于王府井大街西侧，好友世界商场前，面积 1600 多平方米，采用“石岛红”花岗岩铺装。

狭长的广场分为南北两个区域，广场南端与“王府井小吃街”相连。广场南部区域为一个小型休息区，当夜幕降临，光纤地灯变幻着不同的色彩，充满温馨浪漫情调，仿佛迎接着从“王府井小吃街”走出的食客，在此歇息一下，回味刚刚入肚的美食；广场北部区域有一个感应式旱地喷泉，地面铺装成钢琴琴键造型，黑白相间，颇具韵味，夏季喷泉开启时，水柱小如红烛，当游人靠近时便会突然升高，溅起片片水花，引来阵阵笑声，由水线形成的拱门，游人穿行其间，则别有一番情趣。

百货大楼广场 位于王府井大街西侧，北京市百货大楼前，面积 4200 多平方米，采用“石岛红”花岗岩铺装，并饰以光面花岗岩分格带，交叉点处饰以铜质刻有王府井标志图案的小“金

百货大楼广场夜景

砖”。

广场采用对称式布局，与两侧对称式的建筑相协调。广场中央设大型隐蔽式旱地音乐喷泉，喷泉有 1200 个喷头，可以变换组成几十种造型。喷泉开启时，水柱伴随着音乐的旋律上下翻飞，营造出欢快祥和的氛围。全国著名劳动模范张秉贵的半身塑像矗立在广场西侧的中间位置，面朝广场，塑像的基座上镌刻着陈云的题词：“‘一团火’精神光耀神州”。

天主教堂广场　位于王府井大街东侧，天主教圣若瑟堂前。面积约 7800 平方米，青石板铺装。

广场以教堂平面主轴线为轴，对称铺陈，以简洁、端庄、祥和为基调，与教堂氛围相协调。教堂院门和庭院中的古树原样保留，原有的圣若瑟像亭移位保留，教堂院门成为进入广场的限定性建筑，广场中的古树旁设一黑色花岗岩地碑，简要记载了教堂的历史沿革。

广场利用原有的 1.5 米地势高差，通过台阶、叠水、草坡等高差处理方法，将广场与街道自然分离，丰富了街道空间和广场景观层次。广场南侧的一处空间被设计成为一个休闲区，作为广场空间和街道空间的柔化补充。在休闲区内，草坪和树木间设有供游人休息的座椅，叠水池中安放一组荷叶青蛙造型的青铜雕塑，情趣盎然。

天主教堂

情趣盎然的街头雕塑

改造后的王府井大街从南到北，街道两侧分布着九组雕塑，有圆雕、有浮雕，或写实、或写意。这些风格各异，情趣盎然的街头雕塑既像一幅幅风景画美化着王府井大街的环境，又如一幅幅风俗画描绘着王府井大街的风情，使游人在观赏中联想，在品味中琢磨。

王府井匾额 紫铜浮雕，镶嵌在王府井大街南口西侧面南的墙体上，是王府井大街识别标志。匾额长 10 米，宽 7 米，重 3 吨，蓝色为底，“王府井”三字为金黄色。匾额周边有红色花纹，外围浮雕为紫铜本色，以紫铜用纯手工方法锻造而成。浮雕表现的是王府井大街 12 家名店、老字号的经营场景，从左上角“盛锡福帽店”开始往右转圈数，分别为：“东来顺饭庄”“全聚德烤鸭

王府井旧牌匾

王府井新牌匾

店”“同陞和鞋店”“建华皮货店”“中国照相馆”“北京工艺美术服务部”“东安市场”“北京市百货大楼”“天元利生体育商厦”“东华服装公司”和“百草参茸药店”。

驻足匾下，即可感受王府井大街繁华和悠久。

单弦演唱　青铜圆雕，位于王府井大街东侧，新东安市场西北门外空场南部。

《单弦演唱》雕塑

雕塑用写实手法表现两位单弦艺人的演出。女的身着旗袍，头盘发髻，手敲八角鼓，倾心入情地演唱；男的坐在凳子上，怀抱单弦琴，仰面注视演唱者，专心致志地伴奏。演唱者的自若与伴奏者的专注，表现得淋漓尽致，给人以艺术享受。这组镜头在当今的舞台上还可以欣赏到，昔日的街头艺人已经成为舞台上的表演艺术家。

《剃头》雕塑

剃头　青铜圆雕，位于王府井大街东侧，新东安市场西北门外空场中部。

雕塑用写实手法表现了清代剃头的场景。年轻的剃头师傅正在悉心地为一老者梳理发辫；老者安详地享受着热情周到的服务。年轻师傅的认真与老者的满

《拉洋车》雕塑

意刻画得栩栩如生，使人感到亲切和谐。这组镜头早已尘封在历史的烟云之中。

拉洋车 青铜圆雕，位于王府井大街东侧，新东安市场西北门外空场北部。

这组雕塑由一个车夫和一辆人力车组成，刻画出旧时北京街头拉洋车的情景。车夫身体前倾，迈着大步奔跑着，清瘦的面庞和额头上几道皱纹透露出生活的艰辛，使人自然联想到《骆驼祥子》中的“祥子”。人力车的车把是断开的，可供游人登上车子，享受一下坐车的滋味。

人力车在北京早已绝迹了，或许随着旅游业发展再现北京街头，但那时的“拉洋车”应该是个时髦的职业，拉车人的形象也必然会焕然一新。

王府井井盖 铸铜浮雕，位于王府井大街西侧，碧春茶庄与天隆珠宝店之间的便道上。

王府井大街既然以“王府井”命名，那么，“王府井”在这条大街上就必然占有显著的地位。“王府井”四周用铁链围栏予以保护，井口周围用樱桃红大理石铺装成井台图案，井盖被设计成圆形铸铜浮雕。浮雕周围由十条龙盘绕在一起围成一个圆圈，中间铸有关于“王府井”的说明文字，全文为：“王府井大街始建于元代至元四年，历有‘十王府’‘王府大街’之称，据考证得名‘王府井’，渊于明中叶街上的一口水井。《乾隆京城全图》和民国二年（公元一九一三年）《实测北京内外城地图》均绘该街只有一井并明示位于此地。此井本世纪二十年代被湮没，一九九八年王府井大街整修改造时被发现。特此纪念 一九九九年九月九日。”

童趣 青铜圆雕，位于王府井大街西侧，同陞和鞋店前。

《童趣》雕塑

雕塑占地不大，用写实手法塑造了一双硕大的皮鞋和四个儿童，极富情趣。四个儿童形态各异，从南往北分别为一个男童低头观看皮鞋，一个男童用右脚试皮鞋，一个女童低头观看皮鞋，一个小男童背对皮鞋，眼望远方。试鞋的男童挺胸昂头是得意，还是憧憬呢？观鞋的男童和女童是佩服，还是惊讶呢？背对着皮鞋的男童，显得年龄最小，他是不屑，还是委屈呢？给游人留下猜想的空间。

大攒篮 彩色玻璃钢圆雕，位于王府井大街西侧，天元利生体育商厦南墙转角的外立面上。

《大掼篮》雕塑

雕塑用写实手法塑造了一个高15米，重4吨的篮球运动员，左手托球，跳起准备猛力扣篮，让人感受到体育运动的魅力。

荷叶青蛙　青铜圆雕，位于王府井大街东侧，天主教堂广场南边的叠水池中。

这组雕塑由两片荷叶和五只青蛙组成，两片荷叶交错展开平铺在叠水池中，五只青蛙分别坐在两片荷叶上，营造了一种恬静的氛围。当游人坐在树下的座椅上欣赏叠水落瀑，荷叶青蛙，或许能使人忘掉闹市的喧嚣，或许也能使人想起“稻花香里话丰年,听取蛙声一片”的诗句……

《荷叶青蛙》雕塑

火树银花　现代灯光雕塑，位于王府井大街东侧与灯市口大街南侧拐角处的便道上。

雕塑通高15米,为一树状灯柱造型。底座为白色大理石砌成的圆柱，主造型为不锈钢板材制成的三片飞旋向上的银

《火树银花》雕塑

杏树叶，三片树叶包裹着一颗银杏，树叶与果实经过变形和镂空处理，给人以空灵通透之感，尤其是夜晚，灯光开启，叶片晶莹剔透，流光溢彩，能使人联想到明代灯市入口的“百彩细剪，浇水而成”的大型冰灯，能不发思古之幽情！

绚丽多彩的灯光配置

改造后的王府井大街的灯光配置既绚丽多彩，又科学合理，辉煌而不炫目，斑斓又很协调，将王府井大街的夜色打造成流光溢彩的世界。远望如星空，俯视似银河；置身其中，更像进入梦幻世界。

街景照明 形成一个金“十字”，王府井大街南段和北段为

街道照明（一）

街道照明（二）

一竖，东安门大街和金鱼胡同为一横。王府井大街南段（灯市口以南），布置车行道灯16盏，灯高8米，上臂弯向街心，使用高压钠灯单侧布置的路东，间距50米。碗形人行道灯67盏，灯杆高3米，双侧布置，间距20米，使用高效无极感应灯。地灯79盏，双侧布置，广场灯36盏，1.5米长的荧光灯直立在灯柱上，总高度为3.5米，其中，32盏布置在百货大楼广场。另外，在花坛中设俗称为“黑珍珠”的球型地灯，在树下设树池灯，在喷泉地面上埋设光纤地灯等，不但提高了亮度，而且增加了情趣、烘托了气氛。

王府井大街北段（灯市口以北），除布置车行道灯、步行道灯、

街道照明（三）

树池灯外，利用店铺招牌、广告等动感强烈的灯光进行街道照明补充，突出繁华的商业气氛。

金鱼胡同内各大饭店统一规范照明，沿街设有专门的庭院式街灯和“黑珍珠”地灯，形成一条 300 米长的灯的长龙，用以突出饭店的档次和旅游的功能。

东安门大街结合夜市的特殊要求，在小吃街专设长杆挑臂灯，小吃带与柏油路交界处埋设地灯，形成一条光带，在沿街店铺建筑照明灯光的映衬下，呈现出夜生活的丰富多彩。

建筑照明 王府井大街的建筑照明依据建筑物自身的特点和功能设计得各具特色。如：将商业建筑分类，对具有百年历史的 12 家老字号，像盛锡福帽店、普兰德洗染店等主要采用传统照明，突出牌匾和门面轮廓；对专卖店主要采用现代照明，用霓虹灯、

建筑物照明

瀑布灯张扬个性；对大型综合商厦则采用现代多样照明，渲染时尚的商业气氛。大型综合商厦一般为高大建筑，其灯光照明则采取三层布光法，即：上层用投光灯、彩色串灯勾勒建筑物的天际轮廓，中层用灯箱广告或墙体泛光形成中景，底层用高照度橱窗照明、店内透光、店标照明等形成近距离景观。新东安市场和穆斯林大厦采用的便是典型的三层布光法。前者将照明重点放在入口和屋顶，突出建筑的民族形式和古典风格；后者则采用白金卤灯作为墙面基调光，以显现建筑立面民族图案色彩。

橱窗照明

再如：王府井天主教堂的照明，为了突出教堂的建筑风格，加强了教堂的灯光照度，使教堂通体透亮；教堂前花园内置灯的十字架醒目耀眼；广场上的地灯、草坪灯、树池灯映耀轻缓的叠水落瀑，一派肃穆、祥和的气氛。

又如：对王府井南口具有标志性的王府井牌匾，采用投光方式，突出锻铜底镀钛的“王府井”三个大字及四周浮雕效果。王府井大街上的店名和标识性照明形式各异，面积达 1600 平方米的 18 块大型广告的照明，或动、或静，既活跃了商业气氛，也增加了照明亮度。

主要参考书目

《帝京景物略》，北京古籍出版社出版

《日下旧闻考》，北京古籍出版社出版

《燕都丛考》，北京古籍出版社出版

《北京百科全书》，奥林匹克出版社、北京出版社出版

《北京市东城区地名志》，北京出版社出版

《王府井大观》，北京新剧本杂志社编，中国戏剧出版社出版

《王府井》，北京市政协文史资料委员会、北京市工商业联合会、东城区政协文史资料委员会编，北京出版社出版

《今日王府井》，北京市东城区政协文史资料委员会、北京市王府井地区建设管理办公室编，文物出版社出版

后　记

2004年2月接受编写《北京地方志·风物图志丛书·王府井》，我们的心情既兴奋又惶恐。兴奋的理由是《王府井》作为《北京地方志·风物图志丛书》系列丛书之一，承担着“展现北京作为全国政治中心、文化中心和国际交往中心及世界著名古都的风采，宣传北京深邃的文化内涵和改革开放以来取得的丰硕成果”的任务，作为编写者自应有幸运之感；惶恐的原因是自知功力不逮，唯恐有辱使命。

在编写过程中，得到了北京市地方志编委会办公室、中共东城区委、东城区人民政府及有关部门的大力支持。东城区副区长毛桂芬亲自协调有关部门予以支持，北京市地方志编委会办公室的罗保平、谭烈飞、尹树国在写作上给予指导，王府井地区建设管理办公室提供了王府井地区改造工程的有关资料。既为编写工作提供了极大的方便，也增强了我们完成任务的信心。对此，我们深表谢意。

还要感谢对《王府井》编写工作给予了具体帮助的邢荣祥、彭积冬、张继宗、吕学清、李长林、高云彩、李焕巧、王莉莎、李鸿斌等东城区史志界同仁。

如今，《王府井》已经付梓，书中不妥之处，敬乞批评指正；如蒙方家赐教，则不胜感激。

姚德仁　王之鸿

2004 年 5 月

《王府井》是我与姚德仁（北京市第五十五中学原校长）合著的，出版至今已经 12 年过去了。在此期间，王府井发生着变化，姚先生已经作古。所以，再版之时我只对文字、标点做些调整。书中所记仍是 12 年前的景象，请读者原谅。

王之鸿

2017 年 10 月